나를 바꾸는 매일 영어 습관
1일 1패턴 영어회화 팟캐스트

종로여신 정나래와 함께 하는 하루 5분 무료 영어회화 강의!
1일 1패턴 영어회화 팟캐스트 🔘음성강의는 팟빵/오디오클립/아이튠즈에서,
▶영상강의는 유튜브/네이버TV에서 만날 수 있습니다.

검색창에 "1일1패턴" "1일1패턴 영어회화" 검색

검색

음성강의   영상강의

앗, 이럴 수가!

또 어영부영 하다가
한 달이 훌쩍 지났습니다.

T.T

우리는 항상 결심합니다.

영어공부 좀 해볼까?

그런데 말입니다.
실행은 생각처럼 쉽지가 않습니다.
:
:

하지만 그렇다고 포기할 순 없겠죠?

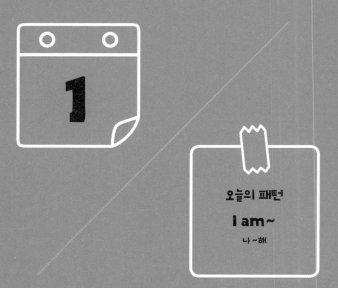

하루에 딱 한 패턴만!
내일을 바꾸는 착한 영어습관

1일 1패턴 영어회화

오늘의 패턴

I am ~

나 ~해

지금 시작합니다!

1일 1패턴
영어회화

왕초보 : 2단어 패턴

1일 1패턴 영어회화

왕초보: 2단어 패턴

초판 1쇄 발행 · 2018년 3월 10일
초판 4쇄 발행 · 2020년 2월 1일

지은이 · 정나래
발행인 · 이종원
발행처 · (주)도서출판 길벗
브랜드 · 길벗이지톡
출판사 등록일 · 1990년 12월 24일
주소 · 서울시 마포구 월드컵로 10길 56(서교동)
대표전화 · 02)332-0931 | **팩스** · 02)323-0586
홈페이지 · www.gilbut.co.kr | **이메일** · eztok@gilbut.co.kr

기획 및 책임편집 · 임명진(jinny4u@gilbut.co.kr) | **디자인** · 최주연 | **제작** · 이준호, 손일순, 이진혁
영업마케팅 · 김학흥, 장봉석 | **웹마케팅** · 이수미, 최소영 | **영업관리** · 김명자, 심선숙 | **독자지원** · 송혜란, 홍혜진

편집진행 및 교정교열 · 강윤혜 | **전산편집** · 이현해
녹음 및 편집 · 와이알미디어 | **CTP 출력 및 인쇄** · 북토리 | **제본** · 신정문화사

ISBN 979-11-5924-156-7   04740 (길벗도서번호 300966)

이 도서의 국립중앙도서관 출판사도서목록(CIP)은 서지정보유통지원시스템 홈페이지(http://seoji.nl.go.kr)와
국가자료공동목록시스템(http://www.nl.go.kr/kolisnet)에서 이용하실 수 있습니다. (CIP제어번호: CIP2018000975)

정가 10,000원

독자의 1초까지 아껴주는 정성 길벗출판사

길벗 | IT실용, IT/일반 수험서, IT전문서, 경제경영서, 취미실용서, 건강실용서, 자녀교육서
더퀘스트 | 인문교양서, 비즈니스서
길벗이지톡 | 어학단행본, 어학수험서
길벗스쿨 | 국어학습서, 수학학습서, 유아학습서, 어학학습서, 어린이교양서, 교과서

페이스북 · www.facebook.com/gilbuteztok
네이버 포스트 · http://post.naver.com/gilbuteztok
유튜브 · https://www.youtube.com/gilbuteztok

하루에 딱 하나만!
나를 바꾸는 매일 영어습관

1일 / 1패턴
영어회화

왕초보 : 2단어 패턴

정나래 지음

길벗
이지:톡

영어책 한 권 끝내본 적 있으세요?

여러분 중에는 영어가 처음인 분도 있겠지만 아마 몇 차례 도전했다가 중도에 포기한 분들이 더 많을 거예요. 영어 공부 해야겠다는 결심을 하면 우선 서점에 갑니다. 그리고 남들이 좋다고 추천하거나 서점 베스트셀러에 진열된 영어책을 사죠. 그리고 책장을 펼칩니다. 처음 며칠은 잘되는 것 같아요. 그런데 며칠이 지나도 앞에 몇 장만 손때가 묻고 좀처럼 진도가 나지 않아요. 어쩜 그리 잘 아냐고요? 바로 저와 제 학생들의 경험담이니까요.

영어공부는 다이어트와 같아요

매년 다짐합니다. 그러나 끝까지 지속해서 성공하기는 참 쉽지가 않습니다. 그래서 다이어트 성공기나 공부법 책이 인기가 많은 거겠죠. 하지만 막상 방법을 알더라도 실행이 쉽지 않아요. 막연히 '영어 잘하고 싶다'는 목표도 좋습니다. 하지만 '1주일에 1kg씩 감량하기, 저녁 한 끼는 저염식으로 해결하기, 한 달 동안 주 3회 운동하기'처럼 구체적이고 작은 목표부터 하나씩 실행해간다면 성취감도 있고 성공 확률도 높아집니다.

난생 처음 끝까지 가보는 영어책

누구나 끝까지 포기하지 않고 볼 수 있는 영어책을 만들고 싶었습니다. 우선 하나만 알아도 다양한 응용이 가능한 패턴들을 뽑아 하루에 딱 한 패턴씩만 공부하도록 했어요. 분량은 하루 10분이면 부담 없이, 설명은 문법 기초가 없는 분도 알기 쉽게, 부족한 내용은 강의에서 꼭꼭 채워줬어요. 예문도 미드, 영화, 구글링을 통해 요즘 네이티브들이 쓰는 최신 표현들을 뽑아서 여러분이 언젠가 한 번은 쓸 만한 재미있는 문장들로 만들었어요.

내일을 바꾸는 매일 영어 습관

영어는 언어예요. 수십 년간 사용해온 우리말도 가끔 말문이 막히거나 실수할 때가 있잖아요. 그러니 영어는 오죽하겠어요? 몇 시간, 며칠 바짝 공부해서 영어 고수가 되는 방법이 있다면 저도 꼭 알고 싶어요.^^ 영어는 습관처럼 매일, 조금씩, 꾸준히 해야 합니다. 여러분의 하루 24시간 중에서 10분만 영어 공부에 양보해 주세요. 당장엔 별로 달라진 게 없어 보일지 모르지만 하루하루 실천하는 동안 여러분의 영어 실력은 자연스럽게 향상됩니다. 매일 10분만 이 책과 함께 해보세요.

1일 1패턴의 기적을 함께 해주세요!

이 책을 세상에 다시없는 최고의 영어책이라 감히 말하진 않겠습니다(어차피 믿는 분도 없을 테죠). 하지만 적어도 여러분께서 매일, 조금씩, 꾸준히 영어로 말하는 즐거움을 알아갈 수 있도록 힘들 때 여러분의 옆에서 손 붙잡고 끝까지 함께 가는 동반자가 되고 싶습니다. 1일 1패턴의 기적은 지금부터 여러분과 제가 같이 만들어나갈 것입니다.

이 책이 나올 때까지 함께 해주신 모든 분들, 그리고 앞으로 이 책과 함께 해주실 독자 여러분들께 깊은 감사를 전합니다.

정나래 드림

✌️ 웬만한 문장 다 되는 2단어 패턴

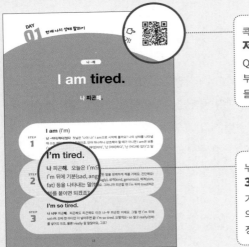

콕 찍으면 영어 학원 안 부러워~
저자 직강 & 영어 예문 QR코드
QR코드를 찍으면 종로여신 나래쌤의 일대일 과외 부럽지 않은 회화 강의와 영어 원어민 예문 mp3를 들을 수 있습니다.

누가 봐도 참 쉬운
3단계 패턴 설명
기초가 부족한 분들도 이해하기 쉽게 문법과 패턴의 쓰임새, 미묘한 뉘앙스까지 하나하나 친절하게 정리했습니다.

🎧 머릿속에 패턴이 쏙쏙~ INPUT

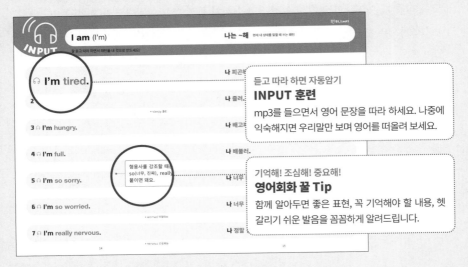

듣고 따라 하면 자동암기
INPUT 훈련
mp3를 들으면서 영어 문장을 따라 하세요. 나중에 익숙해지면 우리말만 보며 영어를 떠올려 보세요.

기억해! 조심해! 중요해!
영어회화 꿀 Tip
함께 알아두면 좋은 표현, 꼭 기억해야 할 내용, 헷갈리기 쉬운 발음을 꼼꼼하게 알려드립니다.

🎤 혼자 말해보며 자신감 쭉쭉~ OUTPUT

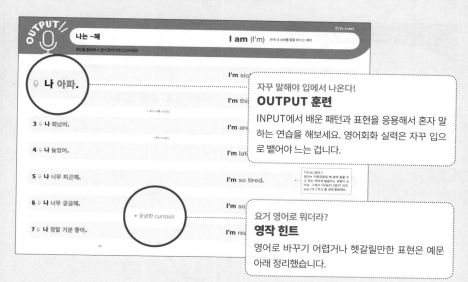

자꾸 말해야 입에서 나온다!
OUTPUT 훈련
INPUT에서 배운 패턴과 표현을 응용해서 혼자 말하는 연습을 해보세요. 영어회화 실력은 자꾸 입으로 뱉어야 느는 겁니다.

요거 영어로 뭐더라?
영작 힌트
영어로 바꾸기 어렵거나 헷갈릴만한 표현은 예문 아래 정리했습니다.

💬 자신감이 붙었다면 대화 한번? **실전 활용하기**

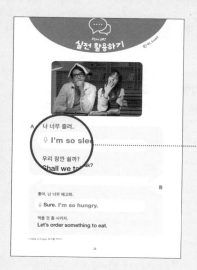

회화의 꽃은 Dialogue!
2단어 패턴으로 대화하기
2단어 패턴이 실제 대화에서 어떤 상황에 어떻게 활용되는지 확인하세요. 정확한 대화의 흐름과 맥락을 이해할 수 있도록 통으로 암기해보는 것도 좋습니다.

⚡ 일단 공부한 건 안 놓쳐~ **2단계 망각방지장치**

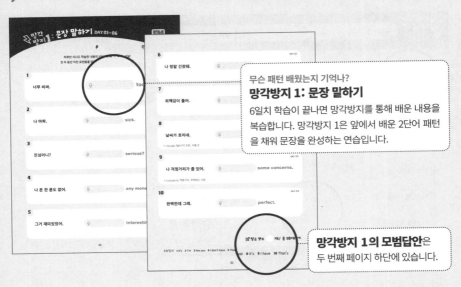

무슨 패턴 배웠는지 기억나?
망각방지 1: 문장 말하기
6일치 학습이 끝나면 망각방지를 통해 배운 내용을 복습합니다. 망각방지 1은 앞에서 배운 2단어 패턴을 채워 문장을 완성하는 연습입니다.

망각방지 1의 모범답안은
두 번째 페이지 하단에 있습니다.

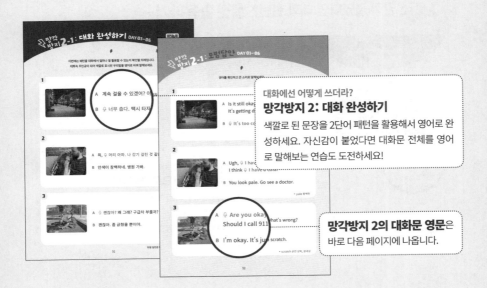

대화에선 어떻게 쓰더라?
망각방지 2: 대화 완성하기
색깔로 된 문장을 2단어 패턴을 활용해서 영어로 완성하세요. 자신감이 붙었다면 대화문 전체를 영어로 말해보는 연습도 도전하세요!

망각방지 2의 대화문 영문은
바로 다음 페이지에 나옵니다.

mp3파일 듣는 방법 🩺

QR코드로 스캔하기

1

스마트폰에서 'QR 코드 스캔' 애플리케이션을 다운 받아 실행합니다.
(앱스토어나 구글 플레이 스토어에서 'QR 코드'로 검색하세요)

2

애플리케이션의 화면과 도서 각 unit 시작 페이지에 있는 QR 코드를 맞춰 스캔합니다.

3

스캔이 되면 '저자 음성 강의', '자동암기 mp3' 선택 화면이 뜹니다.

4
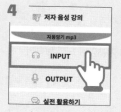
원하는 음성 자료를 터치해서 학습을 시작합니다.

길벗이지톡 홈페이지에서 자료 받는 법

1

길벗이지톡 홈페이지(www.eztok.co.kr) 검색창에서 《1일 1패턴 영어회화》를 검색합니다.
(자료에 따라 로그인이 필요할 수 있습니다)

2

검색 후 나오는 화면에서 해당 도서를 클릭합니다.

3

해당 도서 페이지에서 '부록/학습자료'를 클릭합니다.

4

다운로드 아이콘을 클릭해 자료를 받습니다.

이런 순서로 되어 있어요 🔍

Contents

DAY

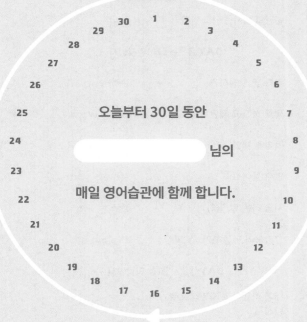

오늘부터 30일 동안

_____ 님의

매일 영어습관에 함께 합니다.

콕 찍어서 ☞
예문 한번에 듣기!

● 학습일 :　　월　　일

나 ~해

I am tired.

나 피곤해.

STEP 1

I am (I'm)

난 ~이다/하다/있다 첫날은 '나야 나!' I am으로 시작해 볼까요? 나의 상태를 나타낼 때 쓰는 제일 기본적인 표현이죠. 단어 하나하나 강조해야 할 때가 아니면 I am은 보통 I'm[암]이라고 줄여서 말해요. '난 (무엇)이다', '난 (어떠)하다', '난 (어디에) 있다'고 말할 때 써요.

STEP 2

I'm tired.

나 피곤해. 오늘은 I'm으로 '난 (어떠)하다'란 말을 완벽하게 해볼 거예요. 간단해요! I'm 뒤에 기분(sad, angry), 외모(pretty, ugly), 성격(kind, generous), 체격(slim, fat) 등을 나타내는 말(형용사)만 붙이면 돼요. 그러니까 피곤할 땐 I'm 뒤에 tired(피곤한)를 붙이면 되겠죠?

STEP 3

I'm so tired.

나 너무 피곤해. 피곤해도 피곤해도 이건 너~무 피곤한 거예요. 그럴 땐 I'm 뒤에 so(너무, 진짜) 한 마디만 더 넣어주면 끝! I'm so tired. 요렇게요~ so 말고 really(진짜)를 넣어도 되죠, 물론! really 잘 알잖아요, 그죠?

I am (I'm)

잘 듣고 따라 하면서 패턴을 내 것으로 만드세요!

1 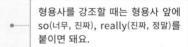 **I'm tired.**

2 **I'm sleepy.**

★ sleepy 졸린

3 **I'm hungry.**

4 **I'm full.**

★ full 배부른

5 **I'm so sorry.**

형용사를 강조할 때는 형용사 앞에
so(너무, 진짜), really(진짜, 정말)를
붙이면 돼요.

6 **I'm so worried.**

★ worried 걱정되는

7 **I'm really nervous.**

★ nervous 긴장되는

14

나는 ~해 현재 내 상태를 말할 때 쓰는 패턴

나 피곤해.

나 졸려.

나 배고파.

> 나 배고파 죽겠어.
> I'm starving (to death).

나 배불러.

나 너무 미안해.

나 너무 걱정돼.

나 정말 긴장돼.

나는 ~해

패턴을 활용해서 영어 말하기에 도전하세요!

1 🎤 **나 아파.**

2 🎤 **나 목말라.**

★ 목이 마른 thirsty

3 🎤 **나 화났어.**

★ 화난 angry

4 🎤 **나 늦었어.**

5 🎤 **나 너무 피곤해.**

6 🎤 **나 너무 궁금해.**

★ 궁금한 curious

7 🎤 **나 정말 기분 좋아.**

I am (I'm) 현재 내 상태를 말할 때 쓰는 패턴

I'm sick.

I'm thirsty.

I'm angry.

> angry 화가 난
> mad 아주 화가 난
> upset 속상한, 언짢은

I'm late.

I'm so tired.

> I'm so [암쏘-]
> 영어는 이중모음일 때 앞에 힘을 주
> 고 뒤는 약하게 발음하는 경향이 있
> 어요. 그래서 [아임]이 [암]이 되죠.
> so는 [쏘-] 하고 좀 세게 발음해요.

I'm so curious.

I'm really happy.

> 정말 행복하다, 정말 기분 좋다,
> 기분이 날아갈 것 같다고 말할
> 때 모두 쓸 수 있는 말이죠. 물론
> really 대신 so를 써도 되고요.

17

A

나 너무 졸려.

🎤 **I'm so sleepy.**

우리 잠깐 쉴까?
Shall we take a break?

B

좋아. 난 너무 배고파.

🎤 **Sure. I'm so hungry.**

먹을 것 좀 시키자.
Let's order something to eat.

* take a break 휴식을 취하다

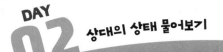

콕 찍어서
예문 한번에 듣기!!

● 학습일 : 　　월 　　일

너 ~하니?

Are you crazy?

너 미쳤니?

STEP 1
You are

넌 ~이다/하다/있다 나의 상태를 나타낼 땐 I am을 떠올리면 되죠. 그렇다면 상대방의 상태를 나타낼 때는요? 이미 답이 바로 위에 있네요. You are로 말을 시작하면 되죠. '넌 (무엇)이다', '넌 (어떠)하다', '넌 (어디에) 있다'고 말할 때 써요.

STEP 2
You are crazy.

너 미쳤구나. You are 뒤에 형용사를 넣으면 '넌 (어떠)하다'라는 말을 할 수 있겠죠? You are tall.(너 키가 크구나.), You are pretty.(넌 예뻐.)처럼 말예요. 그러니까 정신 나간 것처럼 구는 친구를 향해서는 You are 뒤에 crazy(미친)를 넣어 You are crazy.라고 하면 되죠.

STEP 3
Are you crazy?

너 미쳤니? 제정신이 아닌 것처럼 구는 친구에게 "너 미쳤구나."라고도 곧잘 말하지만 "너 미쳤냐?"라는 식으로 반문하기도 하잖아요. 그럴 땐 영어로 Are you crazy?라고 하죠. You are에서 Are you로 순서만 바뀌죠? 요게 바로 지금부터 연습할 패턴이에요.

Are you ~?

잘 듣고 따라 하면서 패턴을 내 것으로 만드세요!

1 🎧 **Are you crazy?**

대답으로 '(나) 안 미쳤다.'고 하려면 앞에서 배운 I'm 뒤에 not만 살짝 붙여 I'm not crazy.라고 하면 돼요.

2 🎧 **Are you angry?**

3 🎧 **Are you bored?**

★ bored 지루해하는, 따분해하는

4 🎧 **Are you okay?**

★ free 한가한, 시간이 있는

5 🎧 **Are you drunk?**

★ drunk 술 취한

6 🎧 **Are you sure?**

7 🎧 **Are you free now?**

★ free 한가한, 시간이 있는

너 ~하니? 현재 상대의 상태를 물어볼 때 쓰는 패턴

너 미쳤니?

너 화났니?

따분하니?

괜찮니?

너 취했니?

확실해?

지금 시간 있니?

내일 시간 있니?
Are you free tomorrow?

너 ~하니?

패턴을 활용해서 영어 말하기에 도전하세요!

1 🎤 피곤하니?

2 🎤 졸리니?

3 🎤 배고프니?

4 🎤 진심이니?

★ 진지한, 심각한, 진심인 serious

5 🎤 긴장되니?

6 🎤 겁먹었니?

★ 무서워하는, 겁먹은 scared

7 🎤 오늘 오후에 시간 있니?

★ 오늘 오후에 this afternoon

22

Are you ~?

현재 상대의 상태를 물어볼 때 쓰는 패턴

Are you tired**?**

Are you sleepy**?**

Are you hungry**?**

Are you serious**?**

> 진지하게 진심으로 하는 얘기인
> 지를 물을 때 애용되는 말이에요.
> 우리말의 '진심이니? 정말이야?'
> 정도에 해당되죠.

Are you nervous**?**

Are you scared**?**

Are you free this afternoon**?**

A

괜찮아?

🎙 **Are you okay?**

왜 그래? 구급차 부를까?
What's wrong? Should I call 911?

B

괜찮아. 좀 긁혔을 뿐이야.
I'm okay. It's just a scratch.

* scratch 긁힌 상처, 찰과상

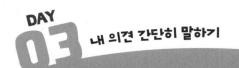

꼭 찍어서
예문 한번에 듣기!

• 학습일 :　　월　　일

그거 ~하네

That is interesting.

그거 재미있네.

STEP 1

That is (That's)

그거 ~하네 바로 앞에 언급한 말이나 상황을 받아서 "그거 재미있네." "그거 굉장하네." 등과 같이 간단히 내 생각이나 느낌을 말할 때 안성맞춤인 패턴! 물론 단어 하나하나 강조해서 말해야 할 때가 아니면 That is는 보통 That's로 줄여서 말하죠.

STEP 2

That's interesting.

그거 재미있네. 자, 이제 '그거 (어떠)하네'라는 말을 집중적으로 연습해 볼까요? 역시 간단해요(That's simple)! That's 뒤에 interesting(흥미로운, 재미있는), funny(웃기는), awesome(굉장한) 등의 형용사만 상황에 맞게 붙이면 퍼펙트~(That's perfect)!

STEP 3

That was interesting.

그거 재미있었어. 지금 현재의 일이나 상황이 아니라 이미 지나간 일이나 상황에 대해 '그거 (어떠)했어'라고 말하려면 is 대신 was를 써요. That was interesting. 요런 식으로 말이죠. 이때 That was는 줄여서 말하지 않아요.

25

1 🎧 **That's interesting.**

★ interesting 흥미로운, 재미있는

2 🎧 **That's true.**

상대방의 말을 받아 '맞아. 사실이야.'라며 맞장구를 칠 때 잘 쓰이는 말 중의 하나이죠.

3 🎧 **That's better.**

★ better 더 나은, 더 좋은 (good의 비교급)

4 🎧 **That's funny.**

★ funny 웃기는, 웃겨서 재미있는

5 🎧 **That's ridiculous.**

★ ridiculous 말도 안 되는, 말도 안 되서 웃기는

6 🎧 **That was all.**

7 🎧 **That was awesome.**

awesome 굉장한, 끝내주는
incredible 믿을 수 없을 정도로 좋은

26

그거 ~하네 내 의견을 간단히 말할 때 쓰는 패턴

그거 재미있네.

사실이야. **맞아.**

그게 더 낫네.

그거 웃기네.

말도 안 돼. (웃기고 자빠졌네.)

그게 다였어.

그거 굉장했어.

그거 ~하네

패턴을 활용해서 영어 말하기에 도전하세요!

1 🎤 **그거 대단**하네.

2 🎤 **완벽한데 그래.**

3 🎤 **그거면 충분해.**

4 🎤 **그거 무섭네.**

★ 무서운 scary

5 🎤 **옳지. 맞아.**

★ 옳은, 맞는 correct

6 🎤 **지겨웠어.**

★ 지루한, 따분한 boring

7 🎤 **그건 어려웠어.**

28

That is (That's) 내 의견을 간단히 말할 때 쓰는 패턴

That's great.

> 대단하다, 훌륭하다, 아주 좋다고 하고 싶을 때 That's great. 한 마디면 모두 해결!

That's perfect.

That's enough.

> 상대방이 지나치게 잔소리를 한다든가, 해도 해도 너무한다 싶을 때 '그만하면 됐다, 작작 좀 해라'는 의미로도 많이 쓰이는 표현이죠.

That's scary.

That's correct.

> 상대가 한 말이 옳다고 맞장구를 칠 때 쓰이는 표현이에요. 퀴즈를 내고 답을 맞힌 사람에게도 쓸 수 있죠.

That was boring.

That was difficult.

A

콘서트 보여줘서 고마워.

Thanks for the concert.

굉장했어! 정말 좋았어.

🎤 **That was awesome!** I really loved it.

B

좋았다니 다행이다.

I'm glad you did.

다음엔 뮤지컬 보러 가자.

Let's go see a musical next time.

* go see 보러 가다 (현재형 동사 go 뒤에는 동사원형이 바로 올 수 있음)

콕 찍어서 👉
예문 한번에 듣기!

● 학습일 :   월   일

~해

It is cold.

추워.

STEP 1

It is (It's)

~이다/하다 날씨가 춥다거나 덥다, 시간이 이르다거나 늦었다, 거리가 멀다거나 가깝다 등의 시공간적인 상태를 말할 때 It's를 써요. 11시다, 천 원이다 등과 같이 시간이나 값을 말할 때도 쓰고요. 이쯤 되면 눈치 챘겠지만 It's는 It is의 줄임말이에요.

STEP 2

It's cold.

추워. 날씨나 시간, 거리, 가격 등이 '(어떠)하다'고 말하고 싶을 땐 It's 뒤에 날씨(cold, hot), 시간(early, late), 거리(close, far), 가격(expensive, cheap) 등을 나타내는 형용사를 붙여요. 11시다, 천 원이다 같이 구체적인 시간이나 가격을 말하고 싶으면 It's 뒤에 고대로 11시(11 o'clock), 천 원(1,000 won) 같은 말을 붙여주면 되고요.

STEP 3

It's too cold.

너무 추워. 추워도 추워도 이건 보통 추운 게 아니에요. 그럴 땐 It's와 cold 사이에 too(너무) 한 마디만 쏙 넣어봐요. It's too cold. 요렇게요~ 언뜻 우리말만 보면 so나 too나 그게 그거 같죠? 하지만 so가 '정말, 진짜, 되게'라고 단순히 감정을 강조하는 뉘앙스라면, too는 부정적인 감정을 강조하는 뉘앙스라구요!

31

It is (It's)

잘 듣고 따라 하면서 패턴을 내 것으로 만드세요!

1 🎧 **It's** cold.

2 🎧 **It's** dark.

> 날씨뿐 아니라 어떤 공간이 어두
> 컴컴하다고 할 때도 쓰고, 색상이
> 어둡다고 할 때도 써요.

3 🎧 **It's** late.

4 🎧 **It's** too expensive.

> 어떤 상태가 너무 심하다는 부정
> 적인 어감을 전달할 때는 형용사
> 앞에 too(너무)를 쓰면 돼요.

★ expensive 비싼

5 🎧 **It's** too far.

★ far (거리가) 먼

6 🎧 **It's** 11 o'clock.

> 구체적인 시간이나 값을 말
> 할 때도 It's를 써요.

7 🎧 **It's** 10 dollars.

~해 날씨·시간·거리·가격 등을 말할 때 쓰는 패턴

추워.

어두워.

늦었어.

너무 비싸.

너무 멀어.

11시야.

10달러야.

~해

패턴을 활용해서 영어 말하기에 도전하세요!

1 🎤 더워.

2 🎤 화창해.

* 화창한 sunny

3 🎤 (값이) 싸네.

* (값이) 싼 cheap

4 🎤 가까워.

5 🎤 너무 추워.

6 🎤 너무 늦었어.

7 🎤 3시야.

It is (It's) 날씨·시간·거리·가격 등을 말할 때 쓰는 패턴

It's hot.

날씨가 덥다고 할 때도, 음식이 맵고 뜨겁다고 할 때도 모두 It's hot.을 쓸 수 있어요.

It's sunny.

It's cheap.

It's close.

It's too cold.

It's too late.

late 늦은
early 이른

It's 3 o'clock.

A

계속 걸을 수 있겠어?
Is it still okay for you to walk?

이제 점점 어두워지는데.
It's getting dark.

B

너무 춥다.
🎤 **It's too cold.**

택시 타자.
Let's take a taxi.

* get dark 어두워지다 | take a taxi 택시를 타다

36

● 학습일 :   월   일

나 ~이 있어

I have a question.

질문 있어.

STEP 1

have

~이 있다 have는 뭔가를 '갖고 있다'는 의미로 잘 아는 동사죠? 근데 요게 적극적으로 행동해서 얻은 것이 아니라 '이미 가지고 있는 상태'를 말한다는 점, 알고 있어야 해요. 우리말로는 '~을 갖고 있다'보다는 '~이 있다'라고 해야 자연스러울 때가 많아요.

STEP 2

I have

나 ~이 있어 내가 가지고 있는 것을 말할 때는 I have 패턴을 뱉어봐요. 물건뿐만 아니라, 형제자매나 가족 같이 내게 속한 존재가 있다고 할 때도 I have ~, 내 머릿속에 있는 아이디어나 질문 같이 추상적인 소유물을 말할 때도 I have ~, 두통이나 복통 같이 내가 안고 있는 고통이나 통증, 병 등을 말할 때도 I have ~! 알았죠?

STEP 3

I have a question.

(나) 질문 있어. 이제 본격적으로 I have 뒤에 이것저것 내가 갖고 있는 것을 붙여봐요. 질문이 한 가지 있다고 하려면 I have 뒤에 a question(질문 한 개을), 질문이 몇 가지 있다고 하려면 some questions(몇 가지 질문) 식으로 붙이면 돼요. 반대로 '~이 없다'고 하려면 have 앞에 don't를 붙여 I don't have ~라고 한다는 것도 알아둬요.

37

I have

잘 듣고 따라 하면서 패턴을 내 것으로 만드세요!

1 🎧 **I have** a question.

2 🎧 **I have** a younger sister.

3 🎧 **I have** a headache.

* headache 두통

4 🎧 **I have** a plan.

5 🎧 **I don't have** a laptop.

* laptop 노트북 컴퓨터

6 🎧 **I don't have** time.

> time은 한 개, 두 개 하면서 셀 수 없어요. 요렇게 셀 수 없는 것 앞에는 a/an을 붙이지 않아요.

7 🎧 **I have** some problems.

> 셀 수 있는 것인데, 요게 한 개가 아니라 여러 개라는 걸 표시할 때는 뒤에 -s를 붙여줘요. problems (문제들)처럼 말이죠.

나 ~이 있어 현재 내가 가진 것을 말할 때 쓰는 패턴

나 질문 (하나) 있어.

나 여동생 한 명 있어. •······

> 언니는 elder sister라고 하면 돼요. 그런데 서구권에서는 서열을 따지는 편이 아니라서 언니 동생, 형동생 구분 없이 그냥 여자형제는 sister, 남자형제는 brother라고 하는 게 보통이죠.

나 두통이 있어. (머리 아파.) •······

> 이가 아프면 toothache(치통), 배가 아프면 stomachache(복통, 위통)를 쓰면 돼요.

나한테 계획이 (하나) 있어.

나 노트북 없어.

나 시간 없어.

나 문제가 좀 있어.

나 ~이 있어

패턴을 활용해서 영어 말하기에 도전하세요!

---

1 🎤 **나 열 있어.**

★ 열이 있다 have a fever

---

2 🎤 **나 치통이 있어. (이 아파.)**

---

3 🎤 **나 오빠 한 명 있어.**

★ 오빠 elder brother

---

4 🎤 **나 감기 걸렸어.**

★ 감기 걸리다 have a cold

---

5 🎤 **나 스마트폰 없어.**

---

6 🎤 **나 오늘밤에 데이트가 있어.**

★ 데이트 date | 오늘밤(에) tonight

---

7 🎤 **나 돈 한 푼도 없어.** •····

> '~이 하나도 없다'고 할 때는 I don't have any ~를 쓰세요. any는 '하나도 없다' 내지는 '하나라도 있냐' 는 어감이어서 부정문이나 의문문에 어울려요.

I have

현재 내가 가진 것을 말할 때 쓰는 패턴

I have a fever.

나 기침 나. I have a cough.
나 콧물 나. I have a runny nose.

I have a toothache.

I have an elder brother.

elder처럼 발음이 모음으로 시작하는 단어 앞에는 a가 아니라 an을 붙여요.

I have a cold.

cold는 명사로 '감기'란 뜻으로도 쓰여요. 요럴 땐 앞에 a를 붙여 쓴답니다.

I don't have a smartphone.

I have a date tonight.

I don't have any money.

참고로 some은 '좀 있다'는 어감이에요. 그래서 긍정문에서 곧잘 쓰이죠.

41

A

욱, 머리 아파.

🎤 Ugh, **I have a headache.**

나 감기 걸린 것 같은데.

🎤 **I think I have a cold.**

B

안색이 창백하네.
You look pale.

병원 가봐.
Go see a doctor.

★ look pale 창백해 보이다 | go see a doctor 병원에 진료받으러 가다

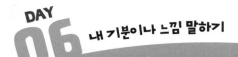

콕 찍어서
예문 한번에 듣기!

● 학습일 :　　　월　　　일

기분이 ~해

I feel good.

기분/컨디션 좋아.

STEP 1

feel

~하게 느끼다 feel은 '(어떻게) 느끼다', '(어떤 감정이) 들다'는 뜻이에요. 뒤에 감정이나 상태를 나타내는 형용사만 넣으면 아주 간단히 누군가의 감정 상태 및 컨디션, 느낌 등을 나타낼 수 있죠.

STEP 2

I feel

기분이 ~해 오늘은 다른 사람이 아닌 바로 내 느낌, 내 감정, 내 컨디션부터 말해보아요. 누가 뭐래도 세상에서 제일 중요한 건 '나(I)'니까요. 뭐 별거 없어요. feel 앞에 I만 넣어주면 되거든요. I feel ~, 요렇게요!

STEP 3

I feel good.

기분 좋아. 그래서 이제 I feel로 문장을 완성해 보면요, 요 뒤에 기분이나 감정을 나타내는 형용사만 똬악 넣어주면 되겠죠? 기분이나 컨디션이 좋으면 I feel 뒤에 good을, 불안하고 초조하면 I feel 뒤에 nervous를 넣어주는 식인 거죠.

43

1 🎧 **I feel** good.

2 🎧 **I feel** sick.

> I'm sick.은 아프다는 의미이지만, I feel sick.은 토할 것 같다, 속이 메스껍다는 의미예요.

3 🎧 **I feel** guilty.

* guilty 죄의식이 있는, 자책이 되는

4 🎧 **I feel** confident.

* confident 자신 있는

5 🎧 **I feel** comfortable.

* comfortable 편안한

6 🎧 **I feel** younger.

> 형용사에 '더'라는 의미를 붙이고 싶을 때는 소위 말하는 비교급을 만들어주면 되는데요. 요건 단어에 따라 <형용사er> 또는 <more 형용사> 형태로 써요.

7 🎧 **I feel** more confident.

기분이 ~해 내 기분이나 느낌을 말할 때 쓰는 패턴

기분/컨디션 좋아.

토할 것 같아.

죄책감이 들어.

자신 있어.

기분이 편안해.

더 젊어진 기분이야.

더 자신감이 들어.

기분이 ~해

패턴을 활용해서 영어 말하기에 도전하세요!

1 🎤 **기분이 좋아. (행복해.)**

2 🎤 **초조해.**

3 🎤 **기분이 이상해.**

★ 이상한, 요상한 weird

4 🎤 **혼란스러운 기분이야.**

★ 혼란스러운, 헷갈리는 confused

5 🎤 **그 일로 마음이 안 좋아.**

★ ~로 마음이 안 좋다 feel bad about

6 🎤 **기분이/컨디션이 나아졌어.**

★ 더 좋은, 나아진 better

7 🎤 **기분이 더 편안해.**

I feel
내 기분이나 느낌을 말할 때 쓰는 패턴

I feel happy.

I feel nervous.

I feel weird.

I feel confused.

I feel bad about that.

마음이 너무 안 좋다고 할 때는 bad 대신 terrible을 써요.

I feel better.

good의 비교급은 better, bad의 비교급은 worse예요. 이따금 <형용사+er>/<more 형용사> 규칙을 따르지 않는 것도 있는데, 요런 건 나올 때마다 그때그때 익혀두면 돼요.

I feel more comfortable.

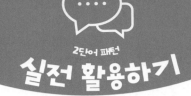

A

차 좀 멈춰.

Stop the car.

토할 것 같아!

🎤 **I feel sick.**

B

거의 다 왔어.

We're almost there.

조금만 참아봐.

Just hang in there a little bit more.

---

* Hang in there. 버텨. 참아.

48

MP3 06_4(R).mp3

⚡

하루만 지나도 학습한 내용의 50%는 잊어버린다는 사실!
한 주 동안 익힌 표현들을 얼마나 말할 수 있는지 확인해 보세요.

1

DAY 04

너무 비싸.

🎤 [   ] too expensive.

2

DAY 01

나 아파.

🎤 [   ] sick.

3

DAY 02

진심이니?

🎤 [   ] serious?

4

DAY 05

나 돈 한 푼도 없어.

🎤 [   ] any money.

5

DAY 03

그거 재미있었어.

🎤 [   ] interesting.

6

DAY 01

나 정말 긴장돼.

🎤　　　　　　　　 really nervous.

7

DAY 06

죄책감이 들어.

🎤　　　　　　　　 guilty.

8

DAY 04

날씨가 흐리네.

🎤　　　　　　　　 cloudy.

* cloudy (날씨가) 흐린, 구름 낀

9

DAY 05

나 걱정거리가 좀 있어.

🎤　　　　　　　　 some concerns.

* concerns 걱정거리, 우려되는 사항

10

DAY 03

완벽한데 그래.

🎤　　　　　　　　 perfect.

📝 맞은 갯수 　⃝ 개/ 총 10개

모범답안 **1** It's **2** I'm **3** Are you **4** I don't have **5** That was **6** I'm **7** I feel **8** It's **9** I have **10** That's

🔊 06_5(R).mp3

이번에는 패턴을 대화에서 얼마나 잘 활용할 수 있는지 확인할 차례입니다.
대화속 주인공이 되어 색깔로 표시된 우리말을 영어로 바꿔 말해보세요.

1

DAY 04

A 계속 걸을 수 있겠어? 이제 점점 어두워지는데.

B 🎤 너무 춥다. 택시 타자.

2

DAY 05

A 윽, 🎤 머리 아파. 나 감기 걸린 것 같은데.

B 안색이 창백하네. 병원 가봐.

3

DAY 02

A 🎤 괜찮아? 왜 그래? 구급차 부를까?

B 괜찮아. 좀 긁혔을 뿐이야.

모범 답안은 바로 뒷장에 있어요. 👉

영어를 확인하고 큰 소리로 말해보세요.

1

A Is it still okay for you to walk?
It's getting dark.

B 🎤 **It's too cold. Let's take a taxi.**

* get dark 어두워지다

2

A Ugh, 🎤 **I have a headache.**
I think 🎤 **I have a cold.**

B You look pale. Go see a doctor.

* pale 창백한

3

A 🎤 **Are you okay?** What's wrong?
Should I call 911?

B I'm okay. It's just a scratch.

* scratch 긁힌 상처, 찰과상

4

A 🎤 나 너무 졸려. 우리 잠깐 쉴까?

B 좋아. 🎤 난 너무 배고파. 먹을 것 좀 시키자.

5

A 차 좀 멈춰. 🎤 토할 것 같아!

B 거의 다 왔어. 조금만 참아봐.

6

A 콘서트 보여줘서 고마워. 🎤 굉장했어! 정말 좋았어.

B 좋았다니 다행이다. 다음엔 뮤지컬 보러 가자.

모범 답안은 바로 뒷장에 있어요. 👉

영어를 확인하고 큰 소리로 말해보세요.

4

A 🎙 **I'm so sleepy.** Shall we take a break?

B Sure. 🎙 **I'm so hungry.** Let's order something to eat.

* take a break 휴식을 취하다

5

A Stop the car. 🎙 **I feel sick.**

B We're almost there. Just hang in there a little bit more.

* Hang in there. 버텨. 참아.

6

A Thanks for the concert. 🎙 **That was awesome!** I really loved it.

B I'm glad you did. Let's go see a musical next time.

* go see 보러 가다

✍ 맞은 갯수 ⬤ 개/ 총 6개

54

DAY 07 평소와 달라 보이는 상대에게 관심 표현하기

● 학습일 :   월   일

너 ~해 보여

You look good.

좋아 보인다.

look

STEP 1

~해 보이다 look 하면 '보다'란 뜻으로 잘 알고 있는 동사죠? 그런데 '(무엇을) 보다'라고 하려면 <look at + 무엇>처럼 중간에 전치사가 끼어들어야 해요. 또, look은 '(어떻게) 보이다'라는 의미로도 자주 쓰이는데요, 요럴 땐 look 뒤에 '어떻게'에 해당되는 형용사를 바로 말해주면 되죠.

You look

STEP 2

너 ~해 보여 오늘은 look 뒤에 '어떻게'에 해당되는 형용사를 넣어 말하는 연습을 해볼 건데요. 그 중에서도 상대방에게 '너 (어때) 보인다'며 관심을 표현해보는 연습을 해봐요. 상대방이니까 You를 붙여 You look ~으로 말하면 돼요.

You look good.

STEP 3

(너) 좋아 보인다. 오늘따라 친구의 신수가 훤해 보여요. 그럴 땐 You look 뒤에 good 한 마디 붙여주면 되죠. 예뻐졌거나 몸이 탄탄하니 멋있어졌거나 머리를 새로 했거나 등 다양한 경우에 손쉽게 관심을 표할 수 있는 방법이에요. good 말고도 상황에 맞게 다양한 형용사를 붙여 말해봐요.

You look

잘 듣고 따라 하면서 패턴을 내 것으로 만드세요!

1 🎧 **You look** good.

2 🎧 **You look** younger.

3 🎧 **You look** healthy.

4 🎧 **You look** terrible.

* terrible 끔찍한, 엉망인

5 🎧 **You look** skinny.

6 🎧 **You look** familiar. • ⋯⋯⋯

> 초면에 낯익은 사람에게 말을 걸 때 쓰기 좋은 표현입니다. Have we met before?(우리 전에 만난 적이 있던가요?)와 함께 쓰면 금상첨화죠.

* familiar 낯익은

7 🎧 **You look** so sad. • ⋯⋯⋯

> 형용사를 강조할 때는 형용사 앞에 so(너무, 진짜), really(진짜, 정말)를 붙이면 돼요.

너 ~해 보여 평소와 달라 보이는 상대에게 관심을 표현할 때 쓰는 패턴

좋아 보인다.

어려 보여.

실제 나이보다 더 어려 보인다는 의미이니까 young의 비교급인 younger를 써야죠.

건강해 보인다. (얼굴 좋다/훤하다.)

너 몰골이 엉망이야.

너 비쩍 말라 보인다.

낯이 익은데요.

너 너무 슬퍼 보여.

너 ~해 보여

패턴을 활용해서 영어 말하기에 도전하세요!

1 🎤 너 달라 **보인다.**

2 🎤 아름다우**시네요.**

3 🎤 기분 좋아 **보이네.**

4 🎤 언짢아 **보이네.**

★ 속상한, 언짢은 upset

5 🎤 울적해 **보인다.**

★ 풀이 죽은, 울적한 depressed

6 🎤 창백해 **보인다.**

★ 창백한 pale

7 🎤 너 너무 좋아 **보여.**

You look

평소와 달라 보이는 상대에게 관심을 표현할 때 쓰는 패턴

You look different.

너 뭔가 좀 달라 보인다.
You look somewhat different.

You look beautiful.

You look happy.

You look upset.

You look depressed.

You look pale.

You look so good.

A

잘 지내냐?

How are you?

너 정말 좋아 보인다.

🎤 **You look so good.**

B

고마워. 난 잘 지내.

Thanks. I'm doing well.

너도 좋아 보인다.

🎤 **You look good too.**

* too 문장 맨 뒤에 붙여 '~도 또한'이란 의미로 쓰임

콕 찍어서
예문 한번에 듣기!!

● 학습일: 　　월　　일

~하게 들리는데

That sounds weird.

요상하게 들리는데.

STEP 1 — sound

~하게 들리다 sound 하면 '소리' 또는 '소리가 나다'라는 의미로도 유명하지만, 뒤에 형용사를 써서 '~하게 들리다'라고 쓰이는 것으로도 아주 유명해요. 오늘은 바로 요 sound 뒤에 형용사를 넣어 말하는 패턴을 익힐 거예요.

STEP 2 — That sounds

(그거) ~하게 들리는데 상대방의 말을 That으로 받아 That sounds ~라고 하면 '그거 (어떻게) 들리는데', '그거 (어떤) 것 같아'라는 의미가 돼요. 상대방의 얘기를 듣고 나서 거기에 반응할 때 유용한 패턴이죠. 즉, 내 생각을 간단히 던져주는 표현이에요.

STEP 3 — That sounds weird.

요상하게 들리는데. 친구한테서 뭔가 기기묘묘한 얘기를 들었다면 '기묘한, 요상한'이란 의미의 weird를 붙여 That sounds weird.라고 해보세요. '요상하게 들린다', '기괴한 것 같다'는 의미이죠. 요렇게 That sounds 한 다음 내 생각이나 느낌을 나타내는 형용사만 한 마디 딱 붙여주면 완벽하게 상대의 얘기에 반응할 수 있어요.

That sounds

잘 듣고 따라 하면서 패턴을 내 것으로 만드세요!

1 🎧 **That sounds good.** ┈┈┈ 상대방의 멋진 생각이나 계획을 듣고 '괜찮은 거 같다'거나 '좋겠다'고 맞장구칠 때 습관처럼 쓰는 말. 느낌을 더 강조해서 말하고 싶다면 good 대신 great를 쓰면 돼요.

2 🎧 **That sounds interesting.**

3 🎧 **That sounds boring.**

* boring 지루한, 따분한

4 🎧 **That sounds familiar.**

5 🎧 **That sounds serious.**

* serious 심각한, 진지한

6 🎧 **That sounds ridiculous.**

7 🎧 **That sounds weird.**

* weird 기묘하거나 괴상해서 이상한, 요상한

~하게 들리는데 상대방의 얘기에 반응할 때 쓰는 패턴

괜찮은 **것 같은데. / 좋겠다.**

흥미롭게 **들리는데. / 재미있겠다.**

> interesting 흥미진진해서 재미있는
> funny 웃겨서 재미있는

지루하겠다.

들어본[낯익은] **얘기 같은데.**

심각하게 **들리네.**

말도 안 되는 **것 같은데.**

요상하게 **들리는데.**

~하게 들리는데

패턴을 활용해서 영어 말하기에 도전하세요!

1 🎙 **멋진 것 같은데. / 멋지다.**

2 🎙 **굉장한 것 같아. / 끝내준다.**

★ 굉장한, 끝내주는 awesome

3 🎙 **완벽한 것 같은데.**

4 🎙 **웃기고 재미있겠다.**

★ 웃기고 재미있는 funny

5 🎙 **로맨틱한 것 같아.**

★ 로맨틱한, 낭만적인 romantic

6 🎙 **끔찍한 것 같아.**

★ 끔찍한 awful

7 🎙 **무서울 것 같은데.**

★ 무서운 scary

That sounds

상대방의 얘기에 반응할 때 쓰는 패턴

That sounds wonderful.

That sounds awesome.

That sounds perfect.

That sounds funny.

That sounds romantic.

That sounds awful.

awful 지독하게 안 좋아서 끔찍한
horrible 무시무시하고 공포스러울
정도로 끔찍한

That sounds scary.

2단어 패턴

실전 활용하기

08_3.mp3

A

올 여름에 유럽으로 배낭여행 갈 거야.
I'm planning to go backpacking around Europe this summer.

B

멋지다.
🎤 **That sounds wonderful.**

얼마 동안 갔다 올 건데?
How long will you be there?

* be planning to + 동사원형 ~할 계획이다 | go backpacking 배낭여행 가다

DAY 09

상대에게 궁금한 것 물어보기

꼭 찍어서 ☞
예문 한번에 듣기!

● 학습일 :　　　월　　　일

너 ~해?

Do you like it?

맘에 들어?

STEP 1 Do/Does

의문문을 만들어주는 동사 You love me.(넌 날 사랑해.) 앞에 Do만 딱 넣어주면 Do you love me?(날 사랑하니?)라는 질문이 되죠. 즉, 일반동사(be동사, 조동사 제외)로 이루어진 문장을 의문문으로 만들 때는 Do you/I/we/they ~? 또는 Does he/she/it ~? 처럼 주어 앞에 Do나 Does만 넣어주면 돼요.

STEP 2 Do you ~?

너 ~해? 무릇 질문이란 상대방에게 할 때가 많은 법! 따라서 오늘은 상대방에 대해 이것저것 물어볼 때 쓰는 Do you ~? 패턴을 집중적으로 연습해봐요. Do you 뒤에는 동사원형이 온다는 거, 요거 하나만 기억해두면 돼요.

STEP 3 Do you like it?

맘에 들어? 친구에게 생일선물을 건네며 "맘에 들어?"라고 한번 물어볼까요? 일단 Do you라고 한 다음, 뒤에 '~을 좋아하다, 맘에 들어 하다(like)'는 의미의 동사원형을 붙여야 해요. 그리고 선물은 단어 it(그것)으로 가리키면 되고요. Do you like it? 요렇게요. 이런 식으로 Do you 뒤에 여러 가지 동사를 넣어 말해보세요.

Do you ~?

잘 듣고 따라 하면서 패턴을 내 것으로 만드세요!

1 🎧 **Do you like it?**

> 좋아하는 것을 강조하고 싶을 때는 like 대신 love를 쓰면 돼요.

2 🎧 **Do you want it?**

3 🎧 **Do you want some coffee?**

4 🎧 **Do you think so?**

> so에는 '그렇게'라는 의미도 있어서 동사 뒤에 요런 식으로도 써요.

5 🎧 **Do you remember?**

6 🎧 **Do you know that?**

7 🎧 **Do you have a dog?**

> 앞에서 I have ~ 패턴 배웠던 거, 기억나죠? 이것의 질문 패턴이 바로 Do you have ~?예요.

* have a dog 개를 키우다

너 ~해? 상대에게 궁금한 것을 물어볼 때 쓰는 패턴

(그거) 맘에 들어?

그거 원해?

커피 좀 줄까?

> Do you want 뒤에 음식이 오면 '그 음식을 원하나?' 즉, '그 음식 줄까? 먹을래?'라는 의미로 묻는 말이 되죠.

그렇게 생각해?

기억해?

그거 알아?

강아지 키우니?

너 ~해?

패턴을 활용해서 영어 말하기에 도전하세요!

1 🎤 **그 사람 좋아해?**

2 🎤 **그거 필요해?**

★ ~을 필요로 하다 need

3 🎤 **피자 좀 줄까?**

4 🎤 **이해해?**

5 🎤 **저를 아세요?**

6 🎤 **감기 걸렸니?**

★ 감기 걸리다 have a cold

7 🎤 **형제자매가 있으세요?**

★ 형제자매 brothers and sisters

70

Do you ~?   상대에게 궁금한 것을 물어볼 때 쓰는 패턴

Do you like him?

Do you need it?

Do you want some pizza?

Do you understand?

Do you know me? •········ 처음 보는 사람이 아는 척하며 말을
걸어올 때 쓰기 딱 좋은 표현이죠.

Do you have a cold?

Do you have any brothers and sisters?

A

이거 너 주려고 만들었어.

I made this for you.

맘에 들어?

🎤 **Do you like it?**

B

너무 맘에 들어!

I love it!

팔찌 정말 예쁘다. 고마워.

It's a beautiful bracelet. Thank you.

---

* bracelet 팔찌

DAY 10

하지 말라고 조언·경고하기

폭 찍어서 ☞
예문 한번에 듣기!!

• 학습일 :　　　월　　　일

~하지 마

Don't be shy.

부끄러워하지 마.

STEP 1

Do

부정문을 만들어주는 동사 의문문을 만들 때 문장 맨 앞에 Do를 넣어 Do you love me?라고 하면 된댔죠? 부정문을 만들 때도 이 Do를 써요. 이때는 You don't love me.(넌 날 사랑하지 않아.)처럼 주어와 동사 사이에 do not 또는 don't의 형태로 넣죠.

STEP 2

Do not (Don't)

~하지 마 그런데 상대에게 명령조로 '날 사랑해, 사랑하란 말야!'라고 할 때는 You를 빼고 Love me!라고 해요. 반대로 '날 사랑하지 말란 말야!'라고 할 땐? 요럴 때도 바로 동사 앞에 Do not 또는 Don't를 넣어 Do not love me! / Don't love me!라고 하죠. 보통 말로 할 땐 Don't를, 금지나 경고를 나타내는 표지판엔 Do not을 많이 써요.

STEP 3

Don't be shy.

부끄러워하지 마. 정리해보면, 뭔가를 하지 말라고 할 땐 <Don't + 동사원형>으로 말하면 된다는 건데요. shy(부끄러운), upset(속상한) 등과 같은 형용사를 써서 "부끄러워하지 마." "속상해하지 마."처럼 말하려면 <Don't be + 형용사>로, 동사 be의 도움이 특별히 필요해요.

Do not (Don't)

잘 듣고 따라 하면서 패턴을 내 것으로 만드세요!

1 🎧 **Don't do that.**

2 🎧 **Don't trust him.**

* trust 믿다, 신뢰하다

3 🎧 **Don't look at me.**

4 🎧 **Don't be shy.**

5 🎧 **Don't be mad.**

* mad 화난 (보통 angry보다 정도가 심한 어감)

6 🎧 **Don't be so sure.**

* sure 확실한, 확신하는

7 🎧 **Please don't say that.** •⋯⋯ 좀 더 공손하게, 좀 더 부드럽게 말하려면 don't 앞에 please(제발)를 넣어주세요.

74

~하지 마 하지 말라고 조언하거나 경고할 때 쓰는 패턴

그러지 **마.**

그 남자 믿지 **마.**

쳐다보지 **마.**

부끄러워하지 **마.**

화내지 **마.**

> 언짢아하지 마. 속상해하지 마.
> Don't be upset.

그렇게 확신하지 **마.**

제발 그런 말 **마.**

~하지 마

패턴을 활용해서 영어 말하기에 도전하세요!

1 🎤 **걱정 마.**

★ 걱정하다 worry

2 🎤 **신경 쓰지 마.**

★ 신경 쓰다 bother

3 🎤 **그런 말 마.**

4 🎤 **무례하게 굴지 마.**

★ 무례하게 구는 rude

5 🎤 **겁내지[두려워] 마.**

★ 겁내는, 두려워하는 afraid

6 🎤 **제발 그러지 마.**

7 🎤 **제발 쳐다보지 마.**

Do not (Don't)
하지 말라고 조언하거나 경고할 때 쓰는 패턴

Don't worry.

worry의 w 발음은 '오' 소리 낼 때처럼 입을
완전히 모아야 된다는 점, 신경 써 주세요.

Don't bother.

Don't say that.

Don't be rude.

Don't be afraid.

Please don't do that.

Please don't look at me.

A

미안하다고 했잖아.
I said I'm sorry.

화내지 마.
🎤 **Don't be mad.**

B

화난 거 아냐.
I'm not mad.

그냥 실망했을 뿐이야.
I'm just disappointed.

* disappointed 실망한

DAY 11 뭔가가 있다고 말하기

콕 찍어서
예문 한번에 듣기!

● 학습일 :   월   일

~가 있어

There's an idea.

좋은 생각이 있어.

STEP 1

There is/are

~이 있다 There is 또는 There are 하면 '(어떤 것이) 존재한다'는 의미. 즉 '~이 있다'
는 얘기이죠. 둘 다 똑~같은 의미인데, There is 뒤엔 <a/an + 명사>가 오고, There
are 뒤엔 복수명사(명사에 -s가 붙은 꼴)가 온다는 게 차이죠.

STEP 2

There's a/an

~이 있다 구체적으로 특정할 수는 없지만 뭔가 하나가 있다고 할 땐 <There's a/an +
명사>를 써요. 보통은 명사 앞에 a를 쓰는데, 명사의 발음이 모음으로 시작될 때만 an
을 쓰죠. 그럼 하나도 없다고 할 땐요? 별거 없어요! a/an 대신 no를 쓰면 돼요.

STEP 3

There's an idea.

좋은 생각이 있어. 친구들이랑 무언가 계획을 세우거나 동료들과 회의를 할 때 번쩍
하고 좋은 생각이 하나 딱 떠올랐어요. 이럴 때 "좋은 생각이 있어."라는 말로 얘기를
꺼내면 좋을 텐데요. 바로 There's an 뒤에 idea(좋은 생각)라는 명사만 붙여주면 되죠.
There's a/an 뒤에 상황에 맞게 다양한 명사를 넣어 말해봐요.

79

There's a/an

잘 듣고 따라 하면서 패턴을 내 것으로 만드세요!

1 🎧 **There's an idea.**

> idea의 발음이 모음으로 시작하기 때문에 a가 아니라 an을 붙여요.

2 🎧 **There's a problem.**

3 🎧 **There's a way.**

4 🎧 **There's no time.**

> '~이 없다'고 할 때는 a/an 대신 no를 넣어주면 돼요.

5 🎧 **There are no witnesses.**

* witness 목격자

6 🎧 **There are some options.**

* option 옵션 (선택할 수 있는 사항)

7 🎧 **There are a lot of people on the bus.**

* a lot of 많은

~이 있어 뭔가가 있다고 말할 때 쓰는 패턴

좋은 생각이 있어.

문제가 (하나) 있어.

> 문제가 한 가지로 국한되지 않을 때
> There are (some) problems.
> 문제가 많을 때
> There are a lot of problems.

방법이 (하나) 있어.

시간이 없어.

목격자가 없어.

옵션이 좀 있어.

버스에 사람이 많네.

> '많은 ~이 있다'는 말은 There are a lot of ~로
> 하면 돼요. 우리말로는 '~이 많네'라고 하는 게
> 자연스럽죠.

~이 있어

패턴을 활용해서 영어 말하기에 도전하세요!

1 🎤 **자리가 (하나) 있네.**

★ 자리, 좌석 seat

2 🎤 **이유가 (하나) 있어.**

3 🎤 **쉬운 방법이 (하나) 있어.**

★ 쉬운 방법 easy way

4 🎤 **문제가 없어.**

5 🎤 **방법이 없어.**

6 🎤 **실수가 좀 있어.**

★ 실수 mistake

7 🎤 **우리 반에는 남학생이 많아.**

우리는 '우리 반', '우리 아빠'처럼 말하는 게 보통이지만, 영어로는 보통 my class, my father처럼 말해요.

82

There's a/an 뭔가가 있다고 말할 때 쓰는 패턴

There's a seat.

seat [씨-잍]
seat을 발음할 때는 입을 옆으로 쫙 땡겨서 [씨-잍] 하고 길게 발음해요. 그냥 [씯]해버리면 sit처럼 들리거든요.

There's a reason.

There's an easy way.

There's no problem.

There's no way.

There are some mistakes.

There are a lot of boys in my class.

A

우리 이제 가야 해.
We need to go now.

시간이 없어.

🎤 **There's no time.**

B

잠깐만.
Just a minute.

보고서에 문제가 (하나) 있어.

🎤 **There's a problem** with this report.

●학습일 :   월   일

난 항상 ~해

I always drink coffee.

난 항상 커피를 마셔.

STEP 1

always

항상/언제나/늘 각종 광고 카피는 물론 노랫말에서도 쉽게 찾아볼 수 있는 말이 always이죠. '항상, 언제나, 늘'이란 뜻인데요. '항상'이라고 해서 한 순간도 빠짐없다고 깐깐하게 의미를 부여하기보다는 평소 습관적으로 반복된다는 의미로 두루뭉술하게 쓰여요. 우리말 '항상, 언제나, 늘'도 그렇잖아요.

STEP 2

I always / I'm always

난 항상 ~해 자, 오늘은 always 앞에 I를 붙여봐요. I always ~, 이렇게요. 내가 평소 습관적으로 반복해서 하는 일, 늘상 하는 일을 말할 때 손쉽게 쓸 수 있는 패턴이죠. I always 뒤에는 뭘 하는지 동사로 이어주면 돼요. 단, late(늦은)처럼 형용사를 써서 "난 항상 늦어."처럼 말하려면 I가 아니라 I'm always 한 다음 형용사를 말해줘요.

STEP 3

I always drink coffee.

난 항상 커피를 마셔. 커피를 입에 달고 산다는 의미인 거죠. I always 뒤에 '커피를 마신다'는 의미의 drink coffee만 붙여주면 다 해결되네요. I always 뒤에는 동사, I'm always 뒤에는 형용사! 잊지 말아요~

85

1 🎧 **I always** drink coffee.

2 🎧 **I always** work out.

* work out 운동하다

3 🎧 **I always** watch TV.

4 🎧 **I always** listen to hip hop.

5 🎧 **I always** wear suits.

> suit [수-트]
> suit의 발음에 주의하세요.
> [슈트]가 아니라 [수-트]예요.

6 🎧 **I'm always** late.

7 🎧 **I'm always** on your side.

* on your side 네 편인

난 항상 ~해

내가 늘상 하는 일을 말할 때 쓰는 패턴

난 항상 커피를 마셔.

난 항상 운동을 해.

난 항상 TV를 봐.

난 항상 힙합을 들어.

음악을 듣는다고 할 때는 listen to를 써요. hear는 보통 들리니까 듣는 거고, 내가 신경 써서 귀 기울이는 건 listen to이죠.

난 항상 정장을 입어.

난 항상 늦어.

난 항상 네 편이야.

난 늘 네 곁에 있어.
I'm always with you.

난 항상 ~해

패턴을 활용해서 영어 말하기에 도전하세요!

1 🎙 **난 항상 홍차를 마셔.**

★ 홍차 black tea

2 🎙 **난 항상 일찍 일어나.**

★ 일찍 일어나다 get up early

3 🎙 **난 항상 정치 얘기를 해.**

★ ~에 대한 얘기를 하다 talk about | 정치 politics

4 🎙 **난 항상 팟캐스트를 들어.**

5 🎙 **난 항상 치마를 입어.**

6 🎙 **난 항상 행복해.**

7 🎙 **난 항상 혼자야.**

★ 혼자인 alone

I always
내가 늘상 하는 일을 말할 때 쓰는 패턴

I always drink black tea.

I always get up early.

> 난 아침에 항상 일찍 일어나.
> I always get up early in the morning.

I always talk about politics.

I always listen to podcasts.

I always wear skirts.

I'm always happy.

I'm always alone.

> 이런 말을 하는 친구에겐 You're not alone.
> (넌 혼자가 아냐.)이라고 말해준 다음, I'm
> always with you.(내가 늘 네 곁에 있잖아.)라
> 고 얘기해주면 위로가 되겠죠?

89

A

넌 늘 피곤해 보여.
You always look tired.

B

항상 늦게까지 안 자고 깨어 있거든.
🎤 **I always stay up late.**

그래서 그래.
That's why.

---

* stay up late 늦게까지 안 자고 깨어 있다 | That's why. 그래서 그래.

12_4(R).mp3

하루만 지나도 학습한 내용의 50%는 잊어버린다는 사실!
한 주 동안 익힌 표현들을 얼마나 말할 수 있는지 확인해 보세요.

1

DAY 09

저를 아세요?

🎤   know me?

2

DAY 11

실수가 좀 있어.

🎤   some mistakes.

* mistake 실수

3

DAY 10

그 남자 믿지 마.

🎤   trust him.

4

DAY 08

들어본[낯익은] 얘기
같은데.

🎤   familiar.

* familiar 낯익은

5

DAY 07

낯이 익으신데요.

🎤   familiar.

6

제발 무례하게 굴지 마. 　🎤　 be rude.

* rude 무례한

7

난 항상 일찍 일어나. 　🎤　 get up early.

* get up (잠자리에서) 일어나다

8

매운 음식 좋아해? 　🎤　 like spicy food?

* spicy food 매운 음식

9

창백해 보인다. 　🎤　 pale.

10

차이가 (하나) 있지. 　🎤　 difference.

* difference 차이(점)

✍ 맞은 갯수 　　 개/ 총 **10개**

모범답안　**1** Do you　**2** There are　**3** Don't　**4** That sounds　**5** You look　**6** Please don't　**7** I always
8 Do you　**9** You look　**10** There's a

92

12_5(R).mp3

이번에는 패턴을 대화에서 얼마나 잘 활용할 수 있는지 확인할 차례입니다.
대화속 주인공이 되어 색깔로 표시된 우리말을 영어로 바꿔 말해보세요.

1

DAY 09

A 이거 너 주려고 만들었어. 🎤 맘에 들어?

B 너무 맘에 들어! 팔찌 정말 예쁘다. 고마워.

2

DAY 12

A 넌 늘 피곤해 보여.

B 🎤 항상 늦게까지 안 자고 깨어 있거든. 그래서 그래.

3

DAY 07

A 잘 지내냐? 🎤 너 정말 좋아 보인다.

B 고마워. 난 잘 지내. 🎤 너도 좋아 보인다.

모범 답안은 바로 뒷장에 있어요. 👉

영어를 확인하고 큰 소리로 말해보세요.

1

A I made this for you. 🎤 **Do you like it?**

B I love it! It's a beautiful bracelet. Thank you.

* bracelet 팔찌

2

A You always look tired.

B 🎤 **I always stay up late.** That's why.

* stay up late 늦게까지 안 자고 깨어 있다

3

A How are you? 🎤 **You look so good.**

B Thanks. I'm doing well. 🎤 **You look good too.**

94

4

A 미안하다고 했잖아. 🎤 **화내지 마.**

B 화난 거 아냐. 그냥 실망했을 뿐이야.

5

A 우리 이제 가야 해. 🎤 **시간이 없어.**

B 잠깐만. 보고서에 🎤 **문제가 (하나) 있어.**

6

A 올 여름에 유럽으로 배낭여행 갈 거야.

B 🎤 **멋지다.** 얼마 동안 갔다 올 건데?

모범 답안은 바로 뒷장에 있어요. 👉

⚡

영어를 확인하고 큰 소리로 말해보세요.

4

A I said I'm sorry. 🎤 **Don't be mad.**

B I'm not mad. I'm just disappointed.

* disappointed 실망한

5

A We need to go now. 🎤 **There's no time.**

B Just a minute. 🎤 **There's a problem** with this report.

6

A I'm planning to go backpacking around Europe this summer.

B 🎤 **That sounds wonderful.** How long will you be there?

* go backpacking 배낭여행 가다

🖋 맞은 갯수 ⬤ 개/ 총 6개

~할 뻔했어

I almost forgot.

깜빡할 뻔했네.

STEP 1

almost

거의/하마터면 '다 됐다'는 말과 '거의 다 됐다, 다 되어간다'는 말은 미묘한 차이가 있죠. 또, '죽었다'는 말과 '죽을 뻔했다'는 말은 아예 천양지차고요. 영어에서 바로 이런 미묘한 차이 내지는 천양지차를 만들어내는 말이 바로 almost(거의, 하마터면) 이 한 마디예요. 이 말이 들어가고 빠지고에 따라 말의 의미가 확 바뀌어버려요.

STEP 2

I almost

~할 뻔했어 오늘은 I almost ~로 '~할 뻔했다'는 말을 연습해볼 텐데요. I almost 뒤에 아무 동사나 넣는다고 되는 건 아니고, '과거동사'를 써야만 이런 의미가 돼요. '하마터면/거의 ~할 뻔했는데 실제로는 그런 상황을 비켜갔다'는 의미죠.

STEP 3

I almost forgot.

깜빡할 뻔했네. 챙겨야 할 걸 깜빡하고 있다가 결정적인 순간에 갑자기 생각이 났거나, 상대가 알려줘서 챙길 수 있게 됐을 때 쓰는 말이죠. I almost 뒤에 동사 forget(깜빡하다, 잊다)의 과거형인 forgot만 붙여주면 되네요. I almost 뒤에는 과거동사! 까먹지 말고 기억해둬요~

I almost

잘 듣고 따라 하면서 패턴을 내 것으로 만드세요!

1 🎧 **I almost forgot.**

2 🎧 **I almost gave up.**

* give up 포기하다 (give - gave - given)

3 🎧 **I almost believed you.**

4 🎧 **I almost lost my wallet.**

* wallet 지갑

5 🎧 **I almost missed the bus.**

아무 버스를 놓친 게 아니라 내가 타야 하는 특정 버스를 놓친 것이니까 bus 앞에 the를 붙여주세요.

6 🎧 **I almost broke my arm.**

* break one's arm 팔이 한 쪽 부러지다 (두 팔 다 부러졌을 땐 arm이 아니라 arms)

7 🎧 **I almost died today.**

98

~할 뻔했어 아슬아슬하게 어떤 상황을 비껴갔다고 말할 때 쓰는 패턴

깜빡할 뻔했네.

포기할 뻔했어.

네 말을 믿을 뻔했네.

지갑을 잃어버릴 뻔했어.

버스를 놓칠 뻔했어.

팔 부러질 뻔했어.

나 오늘 죽을 뻔했어.

패턴을 활용해서 영어 말하기에 도전하세요!

1 🎤 울 뻔했어.

2 🎤 오바이트할 뻔했어.

★ 토하다, 오바이트하다 throw up (throw - threw - thrown)

3 🎤 그 남자랑 결혼할 뻔했어.

★ ~와 결혼하다 marry (뒤에 바로 사람을 씀)

4 🎤 다리 (한 쪽) 부러질 뻔했어.

5 🎤 시험에 떨어질 뻔했어.

★ 시험에 떨어지다 fail the exam

6 🎤 열차를 놓칠 뻔했어.

7 🎤 계단에서 넘어질 뻔했네.

★ 계단에서 넘어지다 fall down the stairs (fall - fell - fallen)

I almost
아슬아슬하게 어떤 상황을 비켜갔다고 말할 때 쓰는 패턴

I almost cried.

cry 울다
burst into tears 눈물을 왈칵 쏟다, 울음을 터뜨리다

I almost threw up.

I almost married him.

I almost broke my leg.

I almost failed the exam.

I almost missed the train.

I almost fell down the stairs.

A

깜빡 잊을 뻔했네.

🎤 **I almost forgot.**

너한테 줄 게 있어.
I have something for you.

B

선물이야?
A present?

하지만 오늘 내 생일도 아닌데.
But today's not my birthday.

★ present [préznt] 선물

102

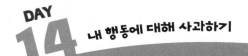

●학습일 :   월   일

~해서 미안해

Sorry to interrupt.

끼어들어서 미안해.

Sorry

STEP 1

미안해 요즘은 우리도 "쏘리!" 또는 "쏴리!"로 미안하다는 말을 전하는 게 일상이 되었는데요. 바로 그 '미안하다'는 말을 전하는 Sorry입니다. 앞에 I'm을 생략하고 말한 거죠.

Sorry to

STEP 2

~해서 미안해 구체적으로 뭐가 미안한지를 말하려면 (I'm) Sorry to 한 다음 미안한 내용을 동사원형으로 이어주면 돼요. 단, <Sorry to + 동사원형>은 지금 미안한 내용을 말하는 거예요. 과거에 한 일에 대해 미안하다고 하고 싶으면 (I'm) Sorry 한 다음 복잡하게 생각할 것 없이 그냥 과거형 문장으로 말해주세요.

Sorry to interrupt.

STEP 3

끼어들어서 미안해. 한창 대화중인 틈에 끼어들어 어쩔 수 없이 꼭 전해야 할 말이 있을 때 다짜고짜 본론으로 들어가면 분위기 싸~아해집니다. 이럴 땐 '끼어들어서/방해해서 미안한데요'란 말 한마디하고 본론으로 들어가면 무난하겠죠? 바로 Sorry to 뒤에 '방해하다, 끼어들다'는 의미의 interrupt를 붙이면 되죠.

Sorry to

잘 듣고 따라 하면서 패턴을 내 것으로 만드세요!

1 🎧 **Sorry to** interrupt.

2 🎧 **Sorry to** bother you.

* bother 귀찮게 하다, 신경 쓰이게 하다

3 🎧 **Sorry to** keep you waiting.

* keep ~ waiting ~를 계속 기다리게 하다

4 🎧 **Sorry to** call you this late.

5 🎧 **Sorry to** hear that. ·········

> Sorry는 안 좋은 상황에 대해 유감을 표할 때도 써요. 그 중 대표적인 말이 Sorry to hear that.이죠. 안 좋은 소식을 전해 들었을 때 으레 쓰는 말이니, 꼭 기억해둬요!

6 🎧 **I'm sorry** I lied.

7 🎧 **I'm sorry** I ruined it.

* ruin 망치다

~해서 미안해 내 행동에 대해 사과할 때 쓰는 패턴

(얘기 중에) 끼어들어서[방해해서] **미안해.**

귀찮게 해서 **미안해.**

기다리게 해서 **미안해.**

이렇게 늦게 전화해서 **미안해.**

그렇다니 **안됐다[유감이다].**

미안해, 거짓말했어.

미안해, 내가 망쳤어.

~해서 미안해

패턴을 활용해서 영어 말하기에 도전하세요!

1 🎤 **방해해서 미안해.**

★ ~를 방해하다 disturb

2 🎤 **실망시켜서 미안해.**

★ ~를 실망시키다 disappoint

3 🎤 **깨워서 미안해.**

wake up(~를 깨우다)의 목적어로 대명사
(you, me, him, her...)가 올 때는 wake와 up
사이에 대명사를 써야 해요. 주의하세요!

4 🎤 **자꾸 전화해서 미안해.**

★ 자꾸[계속] ~하다 keep -ing

5 🎤 **늦어서 미안해.**

6 🎤 **미안해, 내가 소리 질렀네.**

★ ~에게 소리 지르다 yell at

7 🎤 **미안해, 내가 컴퓨터를 고장냈어.**

★ ~을 고장내다 break

Sorry to

내 행동에 대해 사과할 때 쓰는 패턴

Sorry to disturb you.

> 한창 자기 일을 보고 있거나 개인 시간을 갖고 있는 사람에게 뭔가 물어보거나 부탁할 일이 있을 때 이렇게 말하고 얘기하면 좋아요.

Sorry to disappoint you.

Sorry to wake you up.

Sorry to keep calling you.

Sorry to be late.

> (I'm) Sorry I'm late.라고도 많이 말해요.

I'm sorry I yelled at you.

I'm sorry I broke the computer.

A

방해해서 죄송한데 문제가 생겼어요.

🎤 **Sorry to interrupt** but we have a problem.

B

뭔데?

What is it?

중요한 전화회의 중이었다고.

I was in the middle of an important telephone conference.

* be in the middle of ~ 한창 ~중이다

난 ~할 수 있어

I can do it.

난 할 수 있어.

STEP 1

can

~할 수 있다 can 하면 '할 수 있다, 할 줄 안다'는 가능성과 능력을 나타내는 대표적인 조동사이죠. 또, '해도 된다'는 허가의 의미로도 일상생활에서는 많이 쓰이니까, 둘 다 알아두세요.

STEP 2

I can

난 ~할 수 있어 다른 누구도 아닌 바로 '내가 할 수 있는 일'을 말할 때는 I can ~! 금세 답 나오죠? 소위 말하는 조동사라는 것 뒤에는 항상 동사원형을 써줘야 해요. 그러니까, I can 뒤에도 동사원형을 붙인다는 것만 기억해 두세요. 반대로 '내가 할 수 없는 일, 못하는 일'을 말하고 싶다면? 그래요, I can't ~라고 하면 돼요.

STEP 3

I can do it.

난 할 수 있어. I can ~의 성격을 가장 뚜렷하게 보여주는 문장이죠? 어떤 일을 해낼 수 있다고 상사나 동료에게 말할 때도 쓸 수 있지만, 자기 자신을 격려할 때도 곧잘 쓰는 말이에요. I can 뒤에 do동사의 원형 do(여기서는 '하다'는 의미)가 왔어요. 내가 할 수 있는 일은 뭐가 있는지 I can 뒤에 다른 동사도 붙여서 이 말 저 말 해보세요.

I can

잘 듣고 따라 하면서 패턴을 내 것으로 만드세요!

1 I can swim.

2 I can explain.

* explain 설명하다

3 I can do it.

4 I can speak Chinese.

> 특정 언어를 말한다고 할 때 는 동사 speak를 써요.

5 I can help you.

6 I can't tell you.

7 I can't hear you.

> 전화 통화 시 연결 상태가 불량해서든 주변의 소음 때문이든, 아무튼 상대가 하는 말이 잘 안 들릴 때 쓰는 말이에요.

난 ~할 수 있어

내가 할 수 있는 일을 말할 때 쓰는 패턴

나 수영할 줄 알아.

내가 설명해줄 수 있어. (내가 설명해줄게.)

난 할 수 있어.

나 중국어 할 줄 알아.

내가 도와줄 수 있어. (내가 도와줄게.)

너한테 말 못 해.

(네 말) 안 들려.

패턴을 활용해서 영어 말하기에 도전하세요!

1 🎙 이해할 수 있어.

2 🎙 내가 그 일 처리할 수 있어.

★ (일을) 처리하다 handle

3 🎙 나 기타 칠 줄 알아.

★ 기타를 치다 play the guitar

4 🎙 나 프랑스어 할 줄 알아.

5 🎙 나 수영 못 해.

6 🎙 나 너 못 도와줘.

7 🎙 프로젝트 못 도와드려요.

I can't help you.에서 그치지 않고 뒤에 <with + 명사>를 붙여주면 구체적으로 무슨 일을 못 도와주는지 말할 수 있어요.

I can

내가 할 수 있는 일을 말할 때 쓰는 패턴

I can understand.

I can handle it.

I can play the guitar.

특정 악기를 연주한다고 할 때는
<play the + 악기명>으로 말해요.

I can speak French.

I can't swim.

I can't help you.

I can't help you with the project.

A

저 사람 중국인인가 봐. 어떡하지?
He must be Chinese. What should I do?

나 중국어 할 줄 모르는데.
🎤 **I can't speak Chinese.**

B

그거라면 걱정 마.
Don't worry about it.

나 중국어 할 줄 알아.
🎤 **I can speak Chinese.**

* must be 틀림없이 ~이다, ~인 게 분명하다

● 학습일 :　　월　　일

~해도 돼?

Can I come in?

들어가도 돼?

STEP 1

Can

~해도 된다 can은 조동사! 조동사를 문장 맨 앞, 즉 주어 앞에 쓰면 질문하는 말이 돼요. 오늘은 이 can을 문장 맨 앞에 넣어 질문하는 말을 연습해볼 건데요. 특히 '해도 된다'는 허가의 의미로 쓰이는 경우를 살펴볼 거예요.

STEP 2

Can I ~?

~해도 돼? 허가라는 것은 보통 '내가 해도 되냐?(Can I ~?)'고 허락을 구하는 상황과 '너 해도 된다(You can ~)'고 허락을 해주는 상황으로 크게 나눌 수 있잖아요. 그중에서도 오늘은 '내가 해도 되냐?'고 Can I ~?로 허락을 구하는 쪽에 초점을 맞춰봐요.

STEP 3

Can I come in?

들어가도 돼? 다른 사람의 방을 노크도 없이 막 들어갈 순 없죠. 노크 하면서 들어가도 되냐고 허락을 구해봐요. Can I 다음에 '들어가다'는 의미의 come in을 붙여주면 되겠네요. Can I come in? 요렇게요. Can I 뒤에는 동사원형을 써야 한다는 건, 잘 알겠죠? 그럼 여러 가지 동사를 넣어서 상대의 허락을 구하는 연습을 해볼까요?

115

Can I ~?

패턴을 활용해서 영어 말하기에 도전하세요!

1 🎤 **Can I come in?** ·········

> in을 over로만 딱 바꿔 Can I come over now? 라고 하면 '지금 (너희 집에) 놀러가도 돼?', '지금 (댁의 사무실에) 가도 돼요?'라는 말이 되죠. 요것도 알아둬요!

2 🎤 **Can I sit here?**

3 🎤 **Can I join you?**

4 🎤 **Can I call you later?**

★ later 이따, 나중에

5 🎤 **Can I have another beer?** ·········

> <have + 음식> 하면 '그 음식을 먹다, 마시다'란 의미예요.

6 🎤 **Can I borrow your phone?**

★ borrow 빌리다

7 🎤 **Can I ask you something?**

~해도 돼? 상대방의 허락을 구할 때 쓰는 패턴

들어가도 **돼?**

여기 앉아도 **돼?**

나도 껴도 **돼?**

어떤 자리에 나도 같이 가도 되냐, 모임에 나도 껴도 되냐, 식당이나 술자리에서 합석해도 되냐고 할 때 등등, 두루두루 쓸 수 있는 말이에요.

이따 전화해도 **돼?**

맥주 한 잔 더 해도 **돼?** / 맥주 하나 더 주실래요?

전화기 좀 빌려도 **될까?**

뭐 좀 물어봐도 **돼?**

~해도 돼?

패턴을 활용해서 영어 말하기에 도전하세요!

1 🎙 **내가 운전해도 돼?**

2 🎙 **도와드려도 될까요? (도와드릴까요?)**

3 🎙 **주문받아도 될까요? (식당에서 종업원이 하는 말)**

★ 주문을 받다 take someone's order

4 🎙 **이 재킷 입어봐도 돼요?**

★ (옷가게에서 옷을) 입어보다 try on

5 🎙 **내가 좀 더 먹어도 돼?**

★ 좀 더 먹다 have some more

6 🎙 **네 노트북 써도 돼?**

7 🎙 **돈 좀 빌려도 돼?**

118

Can I ~? 상대방의 허락을 구할 때 쓰는 패턴

Can I drive?

Can I help you? ·········

도움의 손길을 건넬 때 유용한 표현이죠. 상점에 들어가면 직원이 손님에게 으레 건네는 말이기도 하고요. May I help you?라고 해도 같은 의미인데, May가 Can보다 조금 더 정중한 느낌이 들죠.

Can I take your order?

Can I try on this jacket?

Can I have some more?

Can I use your laptop?

Can I borrow some money?

A

전화기 좀 빌려도 될까?

🎤 **Can I borrow your phone?**

내 전화기를 못 찾겠네.
I can't find mine.

B

또 어디 뒀는지 몰라?
You lost your phone again?

내가 지금 걸어볼게.
I'll call your phone right now.

---

* mine 내 거 (여기서는 my phone을 가리킴) | lose 잃어버리다 (lose - lost - lost)

120

~하렴

You should see a doctor.

병원에 가보렴.

STEP 1

should

~해야 하다 우리말의 '해야 한다' 하면 항상 떠오르는 조동사가 두 개 있죠? 바로 must와 should일 텐데요. 우리말로야 둘 다 '해야 한다'이지만 어감에는 큰 차이가 있어요. must는 '반드시, 꼭 해야 한다'는 강제성이 두드러진 반면, should는 이런저런 정황상 '마땅히 해야 한다, 그렇게 하는 게 맞지 않겠나' 하는 부드러운 어감이죠.

STEP 2

You should

~하렴/하세요 You should ~는 상대방에게 '~하렴/해야지/하세요'라고 부드럽게 권하거나 조언을 해줄 때 쓰기 좋은 패턴이에요. '~하면 안 되지'라고 조언을 해줄 때는 You shouldn't ~(shouldn't는 should not의 줄임말)라고 하면 되죠. 물론 이들 패턴 뒤에는 동사원형이 와야겠죠?

STEP 3

You should see a doctor.

병원에 가보렴. 감기 기운이 있어 보이는 친구가 눈앞에 있다면 당연히 병원에 가보라고 해야겠죠? 이럴 때 You should 패턴이 딱이라는 겁니다. '병원에 가다'는 의미의 see a doctor를 넣어 You should see a doctor.라고 따뜻한 한마디 해줄 수 있는 거죠. You should/shouldn't 뒤에 동사원형이에요! 아셨죠?

121

You should

잘 듣고 따라 하면서 패턴을 내 것으로 만드세요!

1 🎧 **You should** see a doctor.

2 🎧 **You should** listen to Mom.

* listen to + 사람 ~의 말을 듣다

3 🎧 **You should** know that.

4 🎧 **You should** clean up your room.

* clean up 청소하다

5 🎧 **You should** take it three times a day after meals.

약국에서 약사가 약을 건네며 복용법을 알려 주는 말이에요.

6 🎧 **You shouldn't** be here.

7 🎧 **You shouldn't** call your ex.

* ex ex-boyfriend(전 남친), ex-girlfriend(전 여친), ex-husband(전 남편), ex-wife(전 부인)의 줄임말

~하렴 제안이나 충고를 해줄 때 쓰는 패턴

병원에 가보렴.

'병원에 가다'는 말은 go see a doctor(의사한테 보이러 가다, 즉 '병원에 가다') 또는 see a doctor(의사한테 보이다, 즉 병원에 가다)라고 말하는 게 보통이에요.

엄마 말 들으렴.

영어에서 Mom, Dad처럼 첫 글자를 대문자로 표기하면 '우리 엄마(my mom), 우리 아빠(my dad)'라는 뜻이에요. 기억해 두세요~!

그 정도는 알아야지.

네 방 청소하렴.

식후 하루 세 번 복용하세요.

너 여기 있으면 안 돼.

헤어진 애인/남편[부인]한테 전화하면 안 되지.

123

~하렴

패턴을 활용해서 영어 말하기에 도전하세요!

1 🎙 운전 조심**하렴.**

★ 운전 조심하다 drive carefully

2 🎙 숙제부터 먼저 끝내렴.

3 🎙 그 고객께 전화해 **보세요.**

★ 고객 client

4 🎙 자부심을 가져**야지.**

★ 자부심을 가지다 be proud of oneself

5 🎙 손 씻어**야지.**

★ 손을 씻다 wash one's hands

6 🎙 그렇게 말하면 **안 되지.**

7 🎙 이력서에 거짓말하면 **안 되지.**

★ 이력서에 거짓말하다 lie on one's resume

124

You should

제안이나 충고를 해줄 때 쓰는 패턴

You should drive carefully.

You should finish your homework first.

You should call the client.

You should be proud of yourself.

You should wash your hands.

You shouldn't say that.

You shouldn't lie on your resume.

A

다음 토요일에 집에서 파티를 열 거야.

I'm having a house party next Saturday.

너도 와.

🎤 **You should come too.**

B

좋아, 무슨 일이 있어도 파티를 놓칠 순 없지.

Sure, I wouldn't miss your party for anything.

와인 한 병 가져갈게.

I'll bring a bottle of wine.

* have a party 파티를 열다 | miss 놓치다

꼭 찍어서
예문 한번에 듣기!

● 학습일 :   월   일

~할게

I will try harder.

더 열심히 노력할게.

STEP 1

will

~일/할 것이다 will은 '~일 것이다', '~할 것이다'란 의미로, 미래의 일을 나타내는 대표적인 조동사죠. 여기에 한 가지 더! 주어로 누가 오느냐에 따라 will에는 '~하겠다'는 주어의 의지가 담기는 경우가 있어요.

STEP 2

I will (I'll)

~할게 주어를 I로 해서 I will ~ 하면 말하는 이 순간 '~하겠다'는 나의 의지, 나의 뜻이 반영돼요. 나의 의지를 강하게 어필하고 싶은 경우가 아니라면 보통은 I'll ~로 줄여 말하죠. '~하지 않겠다'는 의지를 나타낼 때는 will not의 줄임말 won't를 써서 I won't ~라고 하면 되고요. '절대 ~하지 않겠다'고 강하게 말하고 싶을 땐 I'll never ~를 써봐요.

STEP 3

I will try harder.

더 노력**할게**. 난 불굴의 의지를 가졌어요. 남들은 해도 안 되니까 그만하라는데, 그럴수록 난 '더 열심히 노력할 거야!'라며 의지를 불태우죠. 그럴 때 I will 뒤에 '더 열심히 노력하다'는 의미의 try harder를 붙여 말해보세요. 물론 I will/I'll 뒤엔 동사원형이 와야죠.

I will (I'll)

잘 듣고 따라 하면서 패턴을 내 것으로 만드세요!

1 🎧 **I'll try harder.**

* try 노력하다, 시도하다 | harder 더 열심히

2 🎧 **I'll take care of it.**

* take care of ~을 처리하다

3 🎧 **I'll show you around.**

* show ~ around ~에게 안내하다, 구경시켜 주다

4 🎧 **I'll tell you the truth.**

5 🎧 **I'll do it.**

6 🎧 **I won't do it.** ·········· won't는 '오' 할 때처럼 입모양을 동그랗게 모은 상태를 고대로 유지해서 w에서 o 발음으로 이어줘야 해요.

7 🎧 **I'll never do it again.** ·········· 다시는 안 그러겠다고 다짐하는 말이에요.

128

~할게
순간의 의지를 담아 말할 때 쓰는 패턴

더 노력할게.

내가 처리할게.

내가 구경시켜 줄게.

사실대로 말할게.

내가 할게.

난 안 할 거야.

두 번 다시 안 할 거야. / 두 번 다시 안 그럴게요.

129

~할게

패턴을 활용해서 영어 말하기에 도전하세요!

1 🎤 여기서 기다릴게.

2 🎤 스파게티 먹을게.

★ 스파게티를 먹다 have spaghetti

3 🎤 내가 돈 좀 빌려줄게.

★ ~에게 돈을 좀 빌려주다 lend ~ some money

4 🎤 와인 한 병 가져갈게.

★ 가져가다, 가져오다 bring | 와인 한 병 a bottle of wine

5 🎤 (널) 도와줄게.

6 🎤 (널) 도와주지 않을 거야.

7 🎤 (널) 절대 도와주지 않을 거야.

I will (I'll) 순간의 의지를 담아 말할 때 쓰는 패턴

I'll wait here.

I'll have spaghetti.

음식을 주문할 때 '난 ~로 먹겠다'는 말은 보통 <I'll have + 음식>으로 말해요.

I'll lend you some money.

I'll bring a bottle of wine.

I'll help you.

I won't help you.

I'll never help you.

131

A

미안해, 내가 네 컴퓨터를 고장낸 거 같아.

I'm sorry I broke your computer.

내가 지금 바로 고쳐줄게.

I'll fix it right now.

B

네 잘못 아냐.

It's not your fault.

너무 오래 돼서 고장 나게 돼 있었어.

It's so old it was bound to happen.

* fix 고치다 | be bound to + 동사원형 ~이 일어나게 돼 있다

132

18_4(R).mp3

하루만 지나도 학습한 내용의 50%는 잊어버린다는 사실!
한 주 동안 익힌 표현들을 얼마나 말할 수 있는지 확인해 보세요.

1

DAY 14

미안해, 거짓말했어.

I lied.

2

DAY 17

그렇게 말하면 안 되지.

say that.

3

DAY 16

뭐 좀 물어봐도 돼?

ask you something?

4

DAY 13

버스를 놓칠 뻔했어.

missed the bus.

* miss 놓치다

5

DAY 15

내가 그 일 처리할 수 있어.

handle it.

* handle ~을 다루다, 처리하다

6

DAY 16

들어가도 돼?　　🎤　　　　　　come in?

7

DAY 14

이렇게 늦게 전화해서
미안해.　　🎤　　　　　call you this late.

8

DAY 15

(네 말) 안 들려.　　🎤　　　　　hear you.

9

DAY 18

내가 처리할게.　　🎤　　　　take care of it.

* take care of ~을 처리하다

10

DAY 17

엄마 말 들으렴.　　🎤　　　　listen to Mom.

📝 맞은 갯수　◯　개/ 총 10개

모범답안　**1** I'm sorry　**2** You shouldn't　**3** Can I　**4** I almost　**5** I can　**6** Can I　**7** Sorry to　**8** I can't
9 I'll　**10** You should

18_5(R).mp3

이번에는 패턴을 대화에서 얼마나 잘 활용할 수 있는지 확인할 차례입니다.
대화속 주인공이 되어 색깔로 표시된 우리말을 영어로 바꿔 말해보세요.

1   DAY 14

A ◯ 방해해서 죄송한데 문제가 생겼어요.

B 뭔데? 중요한 전화회의 중이었다고.

2   DAY 16

A ◯ 전화기 좀 빌려도 될까? 내 전화기를 못 찾겠네.

B 또 어디 뒀는지 몰라? 내가 지금 걸어볼게.

3   DAY 18

A 미안해, 내가 네 컴퓨터를 고장낸 거 같아. ◯ 내가 지금 바로 고쳐줄게.

B 네 잘못 아냐. 너무 오래 돼서 고장 나게 돼 있었어.

모범 답안은 바로 뒷장에 있어요.

영어를 확인하고 큰 소리로 말해보세요.

1

A 🎤 **Sorry to interrupt** but we have a problem.

B What is it? I was in the middle of an important telephone conference.

* be in the middle of ~ 한창 ~중이다

2

A 🎤 **Can I borrow your phone?**
I can't find mine.

B You lost your phone again? I'll call your phone right now.

3

A I'm sorry I broke your computer.
🎤 **I'll fix it right now.**

B It's not your fault. It's so old it was bound to happen.

* be bound to + 동사원형 ~이 일어나게 돼 있다

4

A 다음 토요일에 집에서 파티를 열 거야.
🎤 너도 와.

B 좋아, 무슨 일이 있어도 파티를 놓칠 순 없지.
와인 한 병 가져갈게.

5

A 저 사람 중국인인가 봐. 어떡하지?
🎤 나 중국어 할 줄 모르는데.

B 그거라면 걱정 마. 🎤 나 중국어 할 줄 알아.

6

A 🎤 깜빡 잊을 뻔했네. 너한테 줄 게 있어.

B 선물이야? 하지만 오늘 내 생일도 아닌데.

모범 답안은 바로 뒷장에 있어요. 👉

영어를 확인하고 큰 소리로 말해보세요.

4

A I'm having a house party next Saturday. 🎤 **You should come too.**

B Sure, I wouldn't miss your party for anything. I'll bring a bottle of wine.

* have a party 파티를 열다

5

A He must be Chinese. What should I do? 🎤 **I can't speak Chinese.**

B Don't worry about it. 🎤 **I can speak Chinese.**

* must be 틀림없이 ~이다, ~인 게 분명하다

6

A 🎤 **I almost forgot.** I have something for you.

B A present? But today's not my birthday.

📝 맞은 갯수 ◯ 개/ 총 6개

• 학습일 : 　　월　　일

~해줄래?

Will you marry me?

나랑 결혼**해줄래?**

Will

STEP 1

~일/할 것이다 will도 조동사! 조동사를 문장 맨 앞, 즉 주어 앞에 쓰면 질문하는 말이 된다고 했죠? 오늘은 will을 문장 맨 앞에 넣어 질문하는 말을 연습해봐요. 질문이니까, 누군가의 의지나 뜻을 물어보는 거겠네요. 다음 단계를 볼까요?

Will you ~?

STEP 2

~해줄래? 네, 그렇습니다! 아무래도 질문이라고 하면 상대방의 의지를 물어볼 일이 제일 많을 거예요. 그래서 Will과 you가 뭉쳤습니다. Will you ~? '~해줄래?', '~할래?'라고 묻는 거죠. 결국은 좀 해달라는 얘기입니다. 상대에게 뭔가를 부탁하거나 요청할 때 많이 쓰여요.

Will you marry me?

STEP 3

나랑 결혼해줄래? 남자가 여자에게 반지를 건네며 청혼할 때 많이 쓰는 말이에요. Will you 뒤에 '나랑 결혼하다'는 의미의 marry me만 붙이면 완성되는 간단한 말이죠. 이런 식으로 Will you 뒤에 다양한 동사를 넣어 여러 가지 부탁의 말을 해봐요.

Will you ~?

잘 듣고 따라 하면서 패턴을 내 것으로 만드세요!

1 🎧 **Will you** marry me?

2 🎧 **Will you** forgive me?

3 🎧 **Will you** accept my apology?

* accept someone's apology ~의 사과를 받아주다

4 🎧 **Will you** calm down? ·······

> 명령조인 Calm down.(진정해.) 앞에 Will you만 붙이면 말이 부탁하는 어조로 바뀌면서 부드러워져요.

5 🎧 **Will you** do me a favor?

* do me a favor 부탁하다

6 🎧 **Won't you** come in? ·······

> Won't you ~?(~해주지 않을래?, ~ 안 할 거야?)라고 하면 본질은 같은 질문이지만 좀 해달라 혹은 하라는 어감이 강해지죠.

7 🎧 **Won't you** promise me?

140

~해줄래? 부탁이나 요청할 때 쓰는 패턴

나랑 결혼해**줄래?**

날 용서해**줄래?**

내 사과를 받아**줄래?**

진정 좀 **할래?**

부탁 좀 **들어줄래?**

> 좀 더 정중하게 말하고 싶을 때
> Would you do me a favor?
> Could you do me a favor?

안 **들어올 거야?**

나랑 약속해주지 **않을래?**

141

1 🎙 **(지금 하고 있는 짓을) 그만 좀 할래?**

★ (지금 하고 있는 짓을) 그만하다 stop it

2 🎙 **크게 좀 말해줄래?**

★ 크게 말하다 speak up

3 🎙 **내가 결정하는 것 좀 도와줄래?**

★ A가 ~하는 것을 돕다 help A + 동사원형

4 🎙 **그거 다시 설명해줄래?**

5 🎙 **내 아내가 되어줄래?**

6 🎙 **내게 말해주지 않을래?**

7 🎙 **날 용서해주지 않을래?**

Will you ~?

부탁이나 요청할 때 쓰는 패턴

Will you stop it?

Will you speak up?

Will you help me decide?

Will you explain it again?

Will you be my wife?

Won't you tell me?

Won't you forgive me?

143

A

오늘 늦게까지 일해야 할 것 같아.
I think I have to work late.

우리 강아지 산책 좀 시켜줄래?

🎤 **Will you walk my dog?**

B

물론이지. 밥도 챙겨줄게.
Sure. I'll also feed him.

---

* have to + 동사원형 ~해야 하다 | work late 늦게까지 일하다 | walk a dog 강아지를 산책시키다 |
feed ~에게 먹이를 주다

~할까요?

Shall we get started?

시작할까요?

STEP 1

Shall

~일/할 것이다 조동사 shall은 본래 미래에 대해 말하거나 예측할 때 썼던 말인데요, 사실 요즘엔 거의 보통 will을 쓰죠. 하지만 이따금 격식을 차리며 '~할까요?'라고 제안할 때면 이 shall이 쓰이는데요. 어떤 경우인지 다음 단계를 볼까요?

STEP 2

Shall we ~?

~할까요? 회의장에 사람들이 다 모였어요. 분위기를 보니 다들 회의할 준비가 된 듯하네요. 이럴 때 진행자가 Shall we? 하면 "시작할까요?"라는 말이 돼요. 특정 목적을 갖고 모인 자리에서 이제 모인 목적으로 들어가보자는 얘기를 Shall we?만으로도 나타낼 수 있죠. 물론 뒤에 동사를 넣어 구체적으로 뭘 함께 하자는 건지 언급할 수도 있어요.

STEP 3

Shall we get started?

시작할까요? 회의에 모인 사람들에게 "이제 시작해 볼까요?"라는 의미로 점잖게 말할 때 Shall we 뒤에 get started(시작해보다)를 붙이면 돼요. Shall we 뒤에는 물론 동사원형이 와야죠. 그럼 이제 본격적으로 Shall we ~?로 제안하는 연습을 해볼까요? Shall we?

145

1 🎧 **Shall we get started?**

* get started (슬슬) 시작해보다, 시동을 걸다

2 🎧 **Shall we continue?**

3 🎧 **Shall we go inside?**

4 🎧 **Shall we skip dessert?**

* skip 거르다, 건너뛰다

5 🎧 **Shall we have lunch together?**

* have lunch 점심을 먹다

6 🎧 **Shall we go over the report?**

* go over 검토하다

7 🎧 **Shall we play a game?**

* play a game 게임 한판하다

~할까요? 함께 하자고 제안할 때 쓰는 패턴

시작할**까요?**

계속할**까요?**

안으로 들어갈**까요?**

디저트는 생략할**까요?**

점심 함께 할**까요?**

보고서 **같이** 검토할**까요?**

게임 한판할**까요?**

~할까요?

패턴을 활용해서 영어 말하기에 도전하세요!

1 🎤 **갈까요?**

2 🎤 **춤출까요?**

3 🎤 **산책할까요?**

★ 산책하다 take a walk

4 🎤 **다시 시작할까요?**

★ 다시 시작하다 start over

5 🎤 **밖으로 나갈까요?**

6 🎤 **한번 해볼까요?**

★ 시도하다, 한번 해보다 give it a try

7 🎤 **경제학을 공부할까요?**

★ 경제학 economics

Shall we ~?

함께 하자고 제안할 때 쓰는 패턴

Shall we go?

Shall we dance?

Shall we take a walk?

Shall we start over?

Shall we go outside?

Shall we give it a try?

Shall we study economics?

A

다들 차 드시고 돌아온 것 같네요.

Looks like everybody is back from their coffee break.

계속할까요?

🎤 **Shall we continue?**

B

아직 두 분이 오는 중이세요.

Two people are still coming.

5분만 더 기다려도 될까요?

Can we wait five minutes please?

＊ (It) Looks like + 문장 ~인 것 같다 | coffee break 휴식시간

쏙 찍어서
예문 한번에 듣기!!

• 학습일 :　　　월　　　일

~ 어때?

How about dinner sometime?

언제 한번 저녁식사 어때?

How

STEP 1

어떻게/얼마나 '어떻게' 하는지, 상태가 '어떤지', 길이나 수량의 정도가 '얼마나' 되는지 등을 물을 때 쓰이는 기본적인 표현이 How인데요. 이 How 뒤에 특정 전치사구가 붙어서 독립적인 패턴으로 쓰인다는 소문이 있네요. 다음 단계에서 확인해 볼까요?

How about ~?

STEP 2

~ 어때? How 뒤에 전치사 about 구문이 붙었네요. 직역하면 '~에 대해서는 어떤지?', 즉 '~는 어떠냐?'고 제안하는 말인 거죠. about이 전치사니까 뒤에는 명사나 동명사(-ing)를 써야 해요. <How about + (동)명사?>로 기억해두면 편하겠죠?

How about dinner sometime?

STEP 3

언제 한번 저녁식사 **어때?** 얼마나 바쁘면 옆 사무실 친한 동료랑 식사 한번 같이 할 틈이 안 나네요. 오늘 복도에서 만난 이 친구에게 큰맘 먹고 식사 약속 제안을 해봐요. 언제 한번 저녁식사 어떠냐고 말이죠. How about ~? 패턴을 이용하면 아주 간단히 해결되죠. How about dinner sometime? 요렇게 말이죠.

151

How about ~?

잘 듣고 따라 하면서 패턴을 내 것으로 만드세요!

1 🎧 **How about dinner sometime?**

* sometime 언젠가, 언제 한번

2 🎧 **How about this weekend?**

3 🎧 **How about the yellow one?**

4 🎧 **How about ordering pizza?**

5 🎧 **How about playing tennis?**

6 🎧 **How about asking her?**

7 🎧 **How about taking the subway?**

~ 어때? 가볍게 제안할 때 쓰는 패턴

언제 한번 저녁식사 **어때?**

이번 주말 **어때?**

> 지금 어때?
> How about now?

노란 게 **어때?**

피자 시키는 거 **어때?**

> How about 뒤에 동사를 이용해야 할 때는 동명사 형태인 -ing꼴로 말해주세요.

테니스 치는 거 **어때?**

> 테니스, 농구, 축구 같은 구기 운동을 한다고 할 때는 동사 play를 써요.

그 여자한테 물어보는 거 **어때?**

지하철 타는 게 **어때?**

> take the subway 지하철을 타다 (목적지별로 정해진 노선이 있으므로 the subway)

OUTPUT

~ 어때?

패턴을 활용해서 영어 말하기에 도전하세요!

1 🎤 **이건 어때?**

2 🎤 **한잔 어때?**

★ (술) 한잔 a drink

3 🎤 **내일 어때?**

4 🎤 **토요일 밤 어때?**

5 🎤 **외식하는 거 어때?**

★ 외식하다 eat out

6 🎤 **그거 늦추는 거 어때?**

★ 늦추다, 연기하다 delay

7 🎤 **택시 타는 게 어때?**

take a taxi 택시를 타다
(택시는 정해진 노선이 있는 게 아니므로 a taxi)

How about ~?

가볍게 제안할 때 쓰는 패턴

How about this?

How about a drink?

커피 (마시는 거) 어때?
How about some coffee?

How about tomorrow?

How about Saturday night?

How about eating out?

How about delaying it?

How about taking a taxi?

A

지난주에 네 생일을 깜박했어.
I forgot your birthday last week.

용서해줄래?
Will you forgive me?

B

봐서.
It depends.

오늘 저녁 식사 어때? 네가 사는 거다, 그지?
🎤 **How about dinner tonight?**

It's on you, right?

★ It depends. 경우에 따라 다르지. | It's on + 사람 ~가 사는[쏘는] 거다

156

• 학습일 :　　　월　　　일

~는 어때?

How's your family?

가족들은 잘 있어?

STEP 1

How

어떤지 How는 '어떻게' 하는지, 상태가 '어떤지', 길이나 수량의 정도가 '얼마나' 되는지 등을 물을 때 쓰이는 기본적인 표현이라고 했어요. 오늘은 이 중에서도 상태가 '어떤지' 안부를 묻는 패턴만 콕 집어내서 연습해 보도록 해요.

STEP 2

How's ~?

~는 어때? How's는 How is의 줄임말로, 일상적인 안부나 소식을 물을 때 편리하게 쓸 수 있어요. 뒤에 안부가 궁금한 대상을 명사로 말해주면 되죠. 또, "여행 어땠어?" 등과 같이 과거 사실에 대해 궁금하다면 How was ~?를 쓰면 돼요.

STEP 3

How's your family?

가족들은 잘 있어? 특히 상대방과 관련된 안부나 소식이 궁금하다면 How's 뒤에 <your + 명사>를 붙여서 How's your ~?로 물어보면 완벽하죠! 그래서 "가족들은 어때? 잘 있어?"라고 물을 땐 How's 다음에 your family를 말하면 돼요.

How's your ~?

잘 듣고 따라 하면서 패턴을 내 것으로 만드세요!

1 🎧 **How's your family?**

2 🎧 **How's your mother?**

3 🎧 **How's your job?**

4 🎧 **How's your back?**

★ back 등

5 🎧 **How was your day?**

6 🎧 **How was your trip?**

7 🎧 **How was your interview?**

~는 어때?

안부를 물을 때 쓰는 패턴

가족들은 잘 있어?

어머니는 잘 계셔?

일은 어때?

등은 어때?

오늘 하루 어땠어?

여행은 어땠어?

인터뷰는 어땠어?

~는 어때?

패턴을 활용해서 영어 말하기에 도전하세요!

1 🎤 여동생은 잘 있어?

2 🎤 남편은 잘 있어?

3 🎤 사업은 어때?

4 🎤 감기는 어때? (좀 괜찮아?)

5 🎤 주말은 어땠어?

6 🎤 비행은 어땠어?

★ 비행 flight

7 🎤 데이트는 어땠어?

How's your ~?

안부를 물을 때 쓰는 패턴

How's your sister?

How's your husband?

How's your business?

How's your cold?

How was your weekend?

How was your flight?

비행기를 타고 오는 동안 별탈 없었는지 컨디션은 괜찮았는지를 묻는 말이죠.

How was your date?

A

일은 어때?

🎤 **How's your job?**

B

아주 따분해.
It's quite dull.

새 일 찾는 중이야.
I'm looking for a new one.

★ quite 아주, 꽤 | dull 지루한, 따분한 | look for ~을 찾다

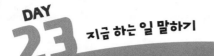

DAY

23 지금 하는 일 말하기

콕 찍어서 👉
예문 한번에 듣기!

● 학습일 :　　 월　　 일

~하는 중이야

I'm doing the dishes.

설거지하는 중이야.

STEP 1

doing

하고 있는/하는 것 동사의 -ing형은 '~하고 있는'이란 의미의 형용사처럼도 쓸 수 있고요, '~하는 것'이란 의미의 명사처럼도 쓸 수 있어요. 오늘은 형용사처럼 be동사 뒤에 쓰이는 경우를 볼 거예요.

STEP 2

I'm doing

~하는 중이야/하고 있어 I'm 다음에 동사의 -ing형을 말해주면 '난 지금 ~하는 중이다, ~하고 있다'는 의미가 돼요. 지금 하는 일을 말하고 싶을 때 간편하게 쓸 수 있죠. 그런데 말이죠, 가까운 미래에 '~할 거야'라는 의미로도 I'm -ing 패턴이 쓰인대요. 요건 예문 연습하면서 보면 금세 감 잡을 수 있으니까, 벌써부터 골머리 썩진 말아요~!

STEP 3

I'm doing the dishes.

설거지하는 중이야. 자, 그럼 I'm -ing 패턴을 써서 '나 지금 설거지 중'이라고 말해볼까요? 이 말을 완벽하게 해내려면 '설거지하다'라는 표현도 알고 있어야 해요. do the dishes 말예요. 이런 숙어적인 표현들은 눈에 띌 때마다 수집해두면 되니까, 지금 모른다고 답답해할 필요 없어요~!

163

1 🎧 **I'm doing** the dishes.

> * do the dishes 설거지하다

2 🎧 **I'm doing** the laundry.

> * do the laundry 빨래하다

3 🎧 **I'm doing** my homework.

> * do one's homework 숙제하다

4 🎧 **I'm talking** on the phone.

> * talk on the phone 전화 통화 중이다

5 🎧 **I'm having** a great time.

6 🎧 **I'm doing** the dishes later.

> 정황상 미래의 일을 얘기할 때도 I'm -ing 패턴을 쓸 수 있는데요, 이렇게 미래를 나타내는 부사(later)를 넣어주면 의미가 더 명확해지죠.

7 🎧 **I'm working** this weekend.

~하는 중이야 지금 하는 일을 말할 때 쓰는 패턴

설거지하는 **중이야.**

빨래하는 **중이야.**

숙제하고 **있어.**

전화 통화 **중이야.**

재미있는[즐거운] 시간을 보내고 **있어.**

이따가 설거지할 **거야.**

이번 주말에 일할 **거야.**

~하는 중이야

패턴을 활용해서 영어 말하기에 도전하세요!

1 🎙 **난 잘하고 있어.**

★ (뭔가를) 잘하다 do a good job

2 🎙 **최선을 다하고 있어.**

★ 최선을 다하다 do one's best

3 🎙 **머리하는 중이야.**

★ 머리를 하다, 머리를 매만지다 do one's hair

4 🎙 **라디오 듣고 있어.**

★ 라디오를 듣다 listen to the radio

5 🎙 **소설을 한 편 읽는 중이야.**

6 🎙 **이거 끝나고 숙제할 거야.**

★ 이거 끝나고 after this

7 🎙 **6시에 파티를 열 거야.**

★ 파티를 열다 have a party

I'm doing

지금 하는 일을 말할 때 쓰는 패턴

I'm **doing** a good job.

I'm **doing** my best.

I'm **doing** my hair.

I'm **listening** to the radio.

I'm **reading** a novel.

I'm **doing** my homework after this.

I'm **having** a party at 6.

A

지금 뭐해?

What are you doing now?

B

지금은 **설거지하는 중**이고 다 하고 나서 이따가 **빨래할 거야**.

🎤 **I'm doing the dishes** now and then later **I'm doing the laundry**.

* and then 그리고 나서

● 학습일 :　　월　　일

제발 그만 좀 ~해

Please stop crying.

제발 그만 좀 울어.

STEP 1

stop

멈추다 stop은 우리도 "스탑!", "스톱!"하면서 멈추라는 의미로 일상생활에서 많이 쓰고 있죠? 알다시피 stop은 '정지하다', '서다', '(하던 것을) 멈추다'라는 뜻이에요. 지나가는 사람에게 "멈춰!"라고 할 땐 Stop!, 귀찮게 하거나 자꾸 거슬리는 소리를 내는 사람에게 "그만해!"라고 할 땐 Stop it!이라고 말하면 간단히 해결되죠.

STEP 2

Stop crying.

그만 좀 울어. 그런데 말이죠. 이 stop 뒤에 동사의 -ing형만 한 마디 딱 붙여주면 '~하는 것을 그만두다', 즉 '그만 ~해'라고 구체적인 내용을 말할 수 있게 돼요. 상대에게 그만 울라고 말하고 싶을 땐 Stop crying. 체중 조절해야 하는데 밑도 끝도 없이 먹어대는 친구에겐 Stop eating.과 같이 말할 수 있죠.

STEP 3

Please stop crying.

제발 그만 좀 울어. 그만 울라고 몇 번을 말했는데도 울음을 그칠 줄 모르는 그녀! 모여 있는 사람들 보기도 민망하고 영 곤혹스럽습니다. 이럴 땐 앞에 Please(제발, 좀, 부탁인데)를 한 마디 붙여 간곡하게 다시 한 번 말해보자고요.

Please stop

잘 듣고 따라 하면서 패턴을 내 것으로 만드세요!

1 🎧 **Stop** crying.

2 🎧 **Stop** talking.

3 🎧 **Stop** teasing me.

> tease는 사람을 자꾸 놀리고 집적대며 못살게 구는 것을 말해요.

4 🎧 **Please stop** staring at me.

* stare at ~를 째려보다

5 🎧 **Please stop** saying that.

6 🎧 **Please stop** calling me.

7 🎧 **Please stop** being greedy.

* greedy 탐욕스러운

제발 그만 좀 ~해 그만하라고 말할 때 쓰는 패턴

그만 좀 울어.

말 좀 그만해.

그만 좀 집적대[괴롭혀].

제발 그만 좀 째려봐.

제발 그렇게 말하지 좀 마.

제발 나한테 전화 좀 그만해.

제발 탐욕 좀 그만 부려.

제발 그만 좀 ~해

패턴을 활용해서 영어 말하기에 도전하세요!

1 🎙 **잔소리 좀 그만해.**

★ 잔소리하다 nag

2 🎙 **담배 좀 그만 펴.**

★ 담배피우다 smoke

3 🎙 **나한테 문자 좀 그만 보내.**

★ ~에게 문자를 보내다 text

4 🎙 **제발 그만 좀 따라다녀.**

5 🎙 **제발 그만 좀 귀찮게 해.**

★ ~를 귀찮게 하다 bother

6 🎙 **제발 나한테 소리 좀 그만 질러.**

★ ~에게 소리 지르다 yell at

7 🎙 **제발 바보같이 좀 그만 굴어.**

★ 바보같이 굴다 be stupid

Please stop

그만하라고 말할 때 쓰는 패턴

Stop nagging.

Stop smoking.

Stop texting me.

Please stop following me.

Please stop bothering me.

Please stop yelling at me.

Please stop being stupid.

A

제발 그만 좀 울어.

🎙 **Please stop crying.**

어떻게 된 건지나 말해봐.
Just tell me what happened.

B

방금 계단에서 넘어졌는데 발목이 너무 아파.
I fell down the stairs just now and my ankle is really hurting me.

* fall down 넘어지다 | ankle 발목 | hurt ~를 아프게 하다

174

24_4(R).mp3

하루만 지나도 학습한 내용의 50%는 잊어버린다는 사실!
한 주 동안 익힌 표현들을 얼마나 말할 수 있는지 확인해 보세요.

1

DAY 20

디저트는 생략할까요?　🎤 　　　　　 skip dessert?

* skip 거르다, 건너뛰다

2

DAY 22

비행은 어땠어?　🎤 　　　　　 flight?

3

DAY 21

택시 타는 게 어때?　🎤 　　　　　 taking a taxi?

4

DAY 23

이번 주말에 일할 거야.　🎤 　　　　　 this weekend.

5

DAY 19

내 사과를 받아줄래?　🎤 　　　　 accept my apology?

* accept someone's apology ~의 사과를 받아주다

6 DAY 23

라디오 듣고 있어. 🎤 _____ to the radio.

7 DAY 21

토요일 밤 어때? 🎤 _____ Saturday night?

8 DAY 19

나랑 약속해주지 않을래? 🎤 _____ promise me?

9 DAY 24

제발 그만 좀 째려봐. 🎤 _____ staring at me.

* stare at ~를 째려보다

10 DAY 22

등은 어때? 🎤 _____ back?

* back 등

☑️ 맞은 갯수 ⬤ 개/ 총 10개

모범답안 **1** Shall we **2** How was your **3** How about **4** I'm working **5** Will you **6** I'm listening
7 How about **8** Won't you **9** Please stop **10** How's your

176

🎤 24_5(R).mp3

이번에는 패턴을 대화에서 얼마나 잘 활용할 수 있는지 확인할 차례입니다.
대화속 주인공이 되어 색깔로 표시된 우리말을 영어로 바꿔 말해보세요.

1

DAY 19

A   오늘 늦게까지 일해야 할 것 같아.
   🎤 우리 강아지 산책 좀 시켜줄래?

B   물론이지. 밥도 챙겨줄게.

2

DAY 22

A   🎤 일은 어때?

B   아주 따분해. 새 일 찾는 중이야.

3

DAY 24

A   🎤 제발 그만 좀 울어. 어떻게 된 건지나 말해봐.

B   방금 계단에서 넘어졌는데 발목이 너무 아파.

모범 답안은 바로 뒷장에 있어요. 👉

⚡

영어를 확인하고 큰 소리로 말해보세요.

1

A I think I have to work late.
🎤 **Will you walk my dog?**

B Sure. I'll also feed him.

* walk a dog 강아지를 산책시키다

2

A 🎤 **How's your job?**

B It's quite dull. I'm looking for a new one.

* dull 지루한, 따분한

3

A 🎤 **Please stop crying.** Just tell me what happened.

B I fell down the stairs just now and my ankle is really hurting me.

* fall down 넘어지다 | ankle 발목

178

4

A 지난주에 네 생일을 깜박했어. 용서해줄래?

B 봐서. 🎤 오늘 저녁 식사 어때? 네가 사는 거다, 그지?

5

A 지금 뭐해?

B 지금은 🎤 설거지하는 중이고 다 하고 나서 이따가 🎤 빨래할 거야.

6

A 다들 차 드시고 돌아온 것 같네요. 🎤 계속할까요?

B 아직 두 분이 오는 중이세요. 5분만 더 기다려도 될까요?

모범 답안은 바로 뒷장에 있어요. 👉

영어를 확인하고 큰 소리로 말해보세요.

4

A I forgot your birthday last week. Will you forgive me?

B It depends. 🎤 **How about dinner tonight?** It's on you, right?

* It depends. 경우에 따라 다르지.

5

A What are you doing now?

B 🎤 **I'm doing the dishes** now and then later 🎤 **I'm doing the laundry.**

6

A Looks like everybody is back from their coffee break. 🎤 **Shall we continue?**

B Two people are still coming. Can we wait five minutes please?

* (It) Looks like + 문장 ~인 것 같다

📝 맞은 갯수 ⬤ 개/ 총 6개

● 학습일 : 　　 월 　　 일

내가 ~할게

Let me hold your bag.

내가 가방 들어줄게.

STEP 1

Let

~하게 (허락)해주다 let은 '누구에게/누구를 ~하게 해주다', 즉 어떤 일을 하도록 허락해 주거나 그렇게 하게 내버려 두라는 의미이죠. 그래서 보통 let 뒤에는 '누구'에 해당되는 말이 오고 그 뒤에 그 누구에게 하게 해주려고 하는 동작(동사원형)을 말해줘요.

STEP 2

Let me

내가 ~할게 Let 뒤에 '누구'를 me로 넣은 Let me 패턴은 일상생활에서 정말 자주 쓰여요. Let me help you. 같이 말이죠. "나에게 널 돕게 해줘."라는 말은 결국 상대의 허락을 구하는 투로 "내가 도와줄게."라고 호의를 베푸는 말인 거죠. 이렇게 Let me는 누가 시키지도 않았는데 자발적으로 나서서 '내가 ~할게'라고 할 때 유용한 패턴이에요.

STEP 3

Let me hold your bag.

내가 가방 들어줄게. "내가 가방 들어줄게."라며 호의를 베풀 때는 Let me 뒤에 '네 가방을 들다'는 의미의 hold your bag을 붙여주면 되네요. Let me 뒤에는 동사원형을 쓴다는 사실, 기억해 두면서 이제 본격적으로 Let me 뒤에 여러 가지 동사를 넣어서 '내가 ~할게'라는 말들을 연습해봐요.

181

Let me

잘 듣고 따라 하면서 패턴을 내 것으로 만드세요!

1 🎧 **Let me hold your bag.**

* hold someone's bag ~의 가방을 들어주다

2 🎧 **Let me help you.**

3 🎧 **Let me finish it.**

4 🎧 **Let me think about it.**

5 🎧 **Let me treat you to dinner.**

* treat 대접하다, 쏘다

6 🎧 **Let me show you my office.**

7 🎧 **Let me tell you something about him.**

내가 ~할게
내가 하겠다고 자발적으로 나설 때 쓰는 패턴

내가 가방 들어**줄게**.

내가 도와**줄게**.

내가 마무리**할게**.

(그것에 대해) 생각 좀 해볼게. •········

정황상 무엇에 대해 생각해 보겠다는 것인지 말 안 해도 아는 경우엔 간단히 Let me think. (생각 좀 해보자. 생각 좀 해볼게.) 라고도 해요.

내가 저녁 사**줄게**.

내 사무실 보여**줄게**.

그 남자에 대해 뭐 좀 말해**줄게**.
(그 남자에 대해 말해줄 게 있어.)

183

내가 ~할게

패턴을 활용해서 영어 말하기에 도전하세요!

1 🎤 **내가 맞혀볼게.**

2 🎤 **(그거) 내가 할게.**

3 🎤 **내가 (그거) 처리할게.**

★ ~을 처리하다 take care of

4 🎤 **내가 너한테 설명해줄게.**

★ A를 B에게 설명하다 explain A to B

5 🎤 **내가 네 곁에 있어줄게.**

★ 네 곁에 있다 be with you

6 🎤 **내가 구경시켜줄게.**

★ ~에게 안내하다, 구경시켜 주다 show ~ around

7 🎤 **내가 그 이유에 대해 말해줄게.**

Let me   내가 하겠다고 자발적으로 나설 때 쓰는 패턴

Let me guess.

Let me do it.

Let me take care of it.

Let me explain it to you.

Let me be with you.

Let me show you around.

Let me tell you about the reason.

A

이 차 어때?
What do you think of this car?

팔려고 내놓은 거야.
It's for sale.

B

아주 좋은데!
I love it!

생각 좀 해볼게.
🎙 **Let me think about it.**

★ for sale 팔려고 내놓은

● 학습일 :　　　월　　　일

~가자

Let's go shopping.

쇼핑하러 가자.

STEP 1

Let us

우리가 ~하게 (허락)해줘/~하자　앞에서 Let me를 열심히 익혀봤는데요. 이번에는 me 말고 us를 한번 붙여보죠. 말 그대로 '우리에게 ~하게 해줘'라는 의미이니까, 우리가 어떤 일을 할 수 있게 허락하라고 요청하는 말이 되죠. 근데 이게 다가 아니란 말씀! 여기서 나아가 '우리 ~하자'라고 제안하는 말로도 쓸 수 있어요.

STEP 2

Let's

(우리) ~하자　Let us에서 갑자기 Let's라니, 이게 뭐래? 사실 Let's는 Let us의 줄임말이에요. 거의 우리말처럼 쓰는 "렛츠 고(Let's go)!"할 때의 그 Let's랍니다. '우리 ~하자'고 제안할 때는 보통 Let us보단 Let's로 말하죠.

STEP 3

Let's go shopping.

쇼핑하러 가자.　그렇다면 Let's 뒤에도 당연 동사원형이 와야겠죠? 오늘은 그중에서도 특히 '가다'라는 의미의 go를 붙인 Let's go 패턴을 집중적으로 연습할 텐데요. '~하러 가자'고 할 때는 Let's go 뒤에 <-ing>나 <for + 명사>가 오고, '~에 가자'고 할 때는 <to + 장소>가 와요.

Let's go

잘 듣고 따라 하면서 패턴을 내 것으로 만드세요!

1 🎧 **Let's go shopping.**

* go shopping 쇼핑하러 가다

2 🎧 **Let's go fishing.**

* fish 낚시하다

3 🎧 **Let's go skiing.**

* ski 스키 타다

4 🎧 **Let's go for a walk.**

* go for a walk 산책하러 가다

5 🎧 **Let's go for a drink.**

* go for a drink (술) 한잔하러 가다

6 🎧 **Let's go to my place.** ● ⋯⋯⋯ 특정 장소에 간다고 할 때는 <go to + 장소명사>를 써요.

7 🎧 **Let's go home.** ● ⋯⋯⋯ home(집에, 집으로), there(거기에, 거기로)처럼 그 자체에 '~로'라는 의미가 있는 장소부사는 전치사 to 없이 써요.

~가자 함께 가자고 제안할 때 쓰는 패턴

쇼핑하러 **가자.**

쇼핑몰 가자.
Let's go to the mall.

낚시하러 **가자.**

스키 타러 **가자.**

산책하러 **가자.**

한잔하러 **가자.**

우리 집으로 **가자.**

집에 **가자.**

~가자

패턴을 활용해서 영어 말하기에 도전하세요!

1 🎤 **볼링 치러 가자.**

★ 볼링 치러 가다 go bowling

2 🎤 **수영하러 가자.**

★ 수영하러 가다 go swimming

3 🎤 **드라이브 가자.**

★ 드라이브 가다 go for a ride

4 🎤 **피자 먹으러 가자.** •┈┈┈┈ 특정 음식을 먹으러 가자고 할 때는
<Let's go for + 음식명>으로 말하
면 간단히 해결돼요.

5 🎤 **점심 먹으러 가자.**

★ 점심 먹으러 가다 go for lunch

6 🎤 **파티 가자.**

7 🎤 **거기 가자.**

Let's go

함께 가자고 제안할 때 쓰는 패턴

Let's go bowling.

Let's go swimming.

Let's go for a ride.

Let's go for pizza.

Let's go for lunch.

Let's go to the party.

Let's go there.

A

배고파 죽겠다.
I'm starving to death.

점심 먹으러 가자.

🎤 **Let's go for lunch.**

B

피자가 당기네.
I'm in the mood for a pizza.

피자 먹으러 가자.

🎤 **Let's go for pizza.**

* I'm in the mood for + 음식 ~이 당긴다[먹고 싶다]

192

• 학습일 :   월   일

~가 언제야?

When is the deadline?

마감이 언제야?

STEP 1

When

언제/~할 때 '언제'인지를 물을 때 쓰는 제일 기본적인 표현이 When이죠. 물론 When you go home(네가 집에 갈 때)처럼 '~할 때'라는 의미로도 쓰이고요. 오늘은 언제인지를 묻는 연습을 해볼 텐데요. 다음 단계 보시죠.

STEP 2

When is ~?

~가 언제야? 생일(birthday)이 언제인지, 출산 예정일(baby due)이 언제인지 등, '언제인지'를 물을 때 쓰는 제일 기본적인 문장 패턴은 바로 When is ~?예요. 이때 is 뒤에는 명사를 쓰면 되죠. 구체적으로 '몇 시'인지를 묻고 싶다면 When 대신 What time을 써요.

STEP 3

When is the deadline?

마감이 언제야? 근데 생일이 언제냐고 물을 땐 아무 생일을 묻는 건 아니죠. 네 생일이 언제인지, 혹은 그 남자 생일이 언제인지 등을 묻는 거잖아요. 그러니까 When is 뒤에는 your/his birthday(소유격 + 명사)처럼 써야 해요. 또 마감일이 언제냐고 물을 때는 나도 알고 상대도 알고 있는 일의 마감이니까 deadline 앞에 the를 붙여줘야 하죠.

1 🎧 **When is the deadline?**

2 🎧 **When is your birthday?**

3 🎧 **When is your baby due?**

* baby due 출산 예정일

4 🎧 **When is the conference?**

5 🎧 **What time is the flight?** ····· 구체적인 시간을 확인하고 싶을 때는 When 대신 What time을 쓰면 돼요.

6 🎧 **What time is the interview?**

7 🎧 **What time is the movie?**

~가 언제야? 언제인지 물어볼 때 쓰는 패턴

마감이 언제야?

생일이 언제야?

출산 예정일이 언제야?

컨퍼런스가 언제야?

conference란 해당 업계의 종사자들이 모여 논의하고 토론하는 대규모 회의를 말해요. 따라서 학계의 '학회'도 conference라고 하죠.

비행기 시간이 몇 시야?

면접이 몇 시야?

영화가 몇 시지?

OUTPUT

~가 언제야?

패턴을 활용해서 영어 말하기에 도전하세요!

1 🎤 회의가 언제야?

2 🎤 결혼식이 언제야?

3 🎤 너네 결혼기념일이 언제야?

★ 결혼기념일 (wedding) anniversary (보통 wedding을 생략하고 말함)

4 🎤 그 남자 생일이 언제야?

5 🎤 우리 예약일이 언제야?

★ 예약 reservation

6 🎤 파티가 몇 시지?

7 🎤 콘서트가 몇 시야?

When is ~? 언제인지 물어볼 때 쓰는 패턴

When is the meeting?

When is the wedding?

When is your anniversary?

When is his birthday?

When is our reservation?

What time is the party?

What time is the concert?

197

A

자꾸 잊어버리네.

I keep forgetting.

비행기 시간이 몇 시지?

🎤 **What time is the flight?**

B

공항에 7시까지는 가야 해. 비행기가 9시에 이륙하니까.

We have to be at the airport by 7 o'clock because the plane leaves at 9.

* keep -ing 자꾸 ~하다

• 학습일 : 　　월　　일

그래서 ~하잖아

That's why I'm here.

그래서 내가 여기 왔잖아.

STEP 1

Why

왜/~하는 이유 '왜, 어째서, 뭣 때문'인지 이유를 물을 때 쓰는 제일 기본적인 표현이 Why인데요. 이런 Why가 <why 주어 + 동사>의 형태로 문장 속에 들어가면 '~한 이유'라는 의미로 쓰이게 된대요. 뭔 소리냐고요? 다음 단계 설명을 보면 금세 이해할 거예요!

STEP 2

That's why

그래서 ~하잖아/한 거야 That's why 뒤에 평서문을 넣어 <That's why 주어 + 동사>로 쓰면 '그게 ~한 이유야'라는 의미가 돼요. 자연스런 우리말로 바꾸면 '그래서 ~하잖아', '그래서 ~한 거야'라는 말이죠. 이때 That(그게)은 바로 앞에 언급한 말을 받아요.

STEP 3

That's why I'm here.

그래서 내가 여기 왔잖아. 연못에 도끼를 빠뜨린 나무꾼 앞에 신선이 턱 나타납니다. 나무꾼이 도끼를 빠뜨렸다며 신세 한탄을 하니 신선 왈, That's why I'm here.라고 하네요. 딱 보면 알겠지만 앞에 이유가 되는 내용이나 상황 설명이 있은 다음에 이것을 That으로 받아 '그래서 ~하잖아'라고 결과를 말할 때 That's why 패턴을 써요.

1 🎧 **That's why I'm here.**

2 🎧 **That's why I like you.**

3 🎧 **That's why I stay single.**

> ＊ stay single 계속 싱글로 지내다

4 🎧 **That's why I'm sad.**

5 🎧 **That's why I'm not going.**

6 🎧 **That's why I got dumped.**

> ＊ get dumped (이성에게) 차이다

7 🎧 **That's why I quit.**

> quit은 [킷]도 아니고 [큇]도 아니에
> 요. [쿠] 하고 [윗]을 재빨리 연결해서
> [쿠윗]에 가깝게 발음해요.

> ＊ quit 그만두다 (quit - quit - quit)

그래서 ~하잖아 결과를 말할 때 쓰는 패턴

그래서 내가 여기 왔잖아.

그래서 내가 널 좋아하잖아.

그래서 내가 계속 싱글이잖아.

그래서 내가 슬퍼.

그래서 내가 안 가겠다는 거야.

그래서 내가 차였잖아.

그래서 내가 그만뒀잖아.

그래서 ~하잖아

패턴을 활용해서 영어 말하기에 도전하세요!

1 🎤 **그래서 난 네가 필요해.**

2 🎤 **그래서 내가 그 여자를 안 좋아하잖아.**

3 🎤 **그래서 너무 행복해.**

4 🎤 **그래서 기운이 빠져.**

★ 기운이 빠진, 울적한 depressed

5 🎤 **그래서 내가 돌아왔잖아.**

★ 돌아오다 come back

6 🎤 **그래서 내가 그 남자애랑 헤어졌잖아.**

★ (사귀던 사람과) 헤어지다 break up with

7 🎤 **그래서 내가 그 티켓을 샀잖아.**

202

That'why

결과를 말할 때 쓰는 패턴

That's why I need you.

That's why I don't like her.

That's why I'm so happy.

That's why I'm depressed.

That's why I came back.

That's why I broke up with him.

That's why I bought the ticket.

A

무서워? 걱정하지 마. 내가 있잖아.
Are you scared? Don't worry. I'm here.

내가 지켜줄게.
I'll protect you.

B

알아.
I know.

그래서 널 데려왔잖아.
That's why I brought you here.

* protect 보호하다, 지켜주다

• 학습일 :　　　월　　　일

~인 것 같아

I think I can do it.

나 할 수 있을 것 같아.

STEP 1

think

생각하다 굳이 영어공부를 한 사람이 아니어도 모르는 사람이 없을 정도로 유명한 동사죠. 잘 알다시피 '생각하다'란 의미이고요. 영어권 사람들도 수없이 쓰는 말이에요. think의 th발음은 반드시 혀를 윗니와 아랫니 사이로 쏙 뺏다가 안으로 당기면서 발음해 주세요. 꼭이요~!

STEP 2

I think

~인 것 같아 think를 활용한 패턴으로 가장 많이 쓰이는 것이 바로 I think인데요. I think라고 한 다음에 생각하는 내용을 평서문으로 이어주면 돼요. '~라고 생각해', '~인 것 같아'라는 의미이죠. 우리도 어떤 내용을 단정적으로 말하기보단 '~인 것 같아'라고 말할 때가 많잖아요. 그들도 마찬가지랍니다.

STEP 3

I think I can do it.

나 할 수 있을 것 같아. 큰 프로젝트를 맡게 됐어요. 동료들은 걱정하는데 난 그 일을 잘할 수 있을 거라고 생각하죠. 그럴 땐 I think 패턴 뒤에 I can do it(난 할 수 있다)을 붙여 말해보세요. 반대로 자신이 없고 못 할 것 같을 땐 딴 말은 고대로 두고 I think를 I don't think로만 바꿔쓰면 돼요.

I think

잘 듣고 따라 하면서 패턴을 내 것으로 만드세요!

1 🎧 **I think** he can do it.

2 🎧 **I think** you're right.

3 🎧 **I think** I'm in love.

* be in love 사랑에 빠지다

4 🎧 **I think** I made a mistake.

* make a mistake 실수를 하다

5 🎧 **I think** she's ready.

6 🎧 **I don't think** I can do it.

> I think 뒤의 내용을 부정할 때는 I think를 I don't think로만 바꿔주면 돼요. 뒤의 내용은 긍정문으로 그대로 말해줘요.

7 🎧 **I don't think** he likes you.

~인 것 같아 내 의견을 말할 때 쓰는 패턴

그 친구는 할 수 있을 **것 같아.**

네 말이 맞는 **것 같아.**

나 사랑에 빠진 **것 같아.**

내가 실수를 한 **것 같아.**

그 여자 준비된 **것 같아.**

나 이제 준비된 것 같아.
I think I'm ready now.

난 못할 **것 같아.**

걔가 널 좋아하는 **것 같진 않아.**

~인 것 같아

패턴을 활용해서 영어 말하기에 도전하세요!

1 🎤 **나 할 수 있을 것 같아.**

2 🎤 **네가 틀린 것 같아.**

3 🎤 **엄마가 우리 사이를 아시는 것 같아.**

★ 우리 사이를 알다, 우리에 대해 알다 know about us

4 🎤 **그 여자가 거짓말하는 것 같아.**

★ 거짓말하다 lie

5 🎤 **그이가 바람피는 것 같아.**

★ A(배우자) 몰래 바람피다 cheat on A

6 🎤 **그건 사실이 아닌 것 같아.**

7 🎤 **난 못 갈 것 같아.**

뭔가 장애되는 요소 없이 시간 맞춰 약속 장소에 '가다, 참석하다'는 의미의 숙어 표현 make it을 활용해 보세요. 아주 많이 쓰이는 표현이랍니다.

I think
내 의견을 말할 때 쓰는 패턴

I think I can do it.

I think you're wrong.

I think Mom knows about us.

I think she's lying.

I think he's cheating on me.

I don't think that's true.

I don't think I can make it.

A

나 너무 떨리고 목소리도 정말 이상해.
I'm so nervous, and my voice is really shaky.

난 못할 것 같아.
🎤 I don't think I can do it.

B

넌 할 수 있어.
Yes, you can.

정말 멋지게 해낼 거야.
You're gonna be fantastic.

---

* shaky 떨리는 | You're gonna + 동사원형 넌 ~할 거야 (gonna는 going to의 구어체 표현)

내 말이 진실임을 강조하기

콕 찍어서
예문 한번에 듣기!

• 학습일 :   월   일

맹세코

I swear I didn't know.

맹세코 난 몰랐어.

STEP 1

swear

맹세하다 오늘 배울 패턴의 핵심어는 바로 동사 swear입니다! '욕하다'라는 뜻도 있지만 우리가 오늘 연습할 의미는 '맹세하다'예요. 일상생활에서 어떤 식으로 쓰면 되는지 다음 단계를 볼까요?

STEP 2

I swear

맹세해 미국 드라마를 보면 법정 등에서 선서나 맹세를 할 때 I swear라고 하는 것을 쉽게 들을 수 있을 텐데요. 앞서 내가 한 말이 진실이라는 것을 강조할 때 I swear.(맹세해.)라고 덧붙일 수 있죠. 또, 뒤이어 할 말이 진실이라는 것을 강조할 때는 I swear라고 먼저 말한 다음에 그 내용을 이어주면 돼요.

STEP 3

I swear I didn't know.

맹세코 난 몰랐어. "난 정말 몰랐어."라고 할 땐 I really didn't know.라고 하면 되죠. 근데 이걸로는 내 진심이 양껏 전달되지 않는 것 같단 말이죠. 그럴 때 I swear를 써서 I swear I didn't know.라고 말해보세요. 내 진심을 강하게 어필할 수 있을 거예요. 단, I swear를 너무 남발하면 말의 무게가 가벼워진다는 것도 간과하지 마세요~!

I swear

잘 듣고 따라 하면서 패턴을 내 것으로 만드세요!

1 🎧 **I swear** I didn't know.

2 🎧 **I swear** I didn't do it.

3 🎧 **I swear** I'm telling the truth.

* tell the truth 진실을 말하다

4 🎧 **I swear** it's nothing like that.

5 🎧 **I swear** I'll do anything.

6 🎧 **I swear** I won't let you down.

* let ~ down ~를 실망시키다

7 🎧 **I swear** I'll never do it again.

맹세코   내 말이 진실임을 강조할 때 쓰는 패턴

맹세코 난 몰랐어.

맹세코 내가 안 그랬어.

맹세하는데 난 사실을 말하는 거야.

맹세하는데 그런 거 아냐.

맹세코 뭐든 할게.

맹세코 널 실망시키지 않을게.

맹세코 두 번 다시 안 그럴게.

맹세코

패턴을 활용해서 영어 말하기에 도전하세요!

1 🎤 **맹세코 난 그 여자 몰라.**

2 🎤 **맹세코 그건 내가 아녔어.**

3 🎤 **맹세코 그건 사실이야.**

4 🎤 **맹세코 난 아무 짓도 안 했어.**

5 🎤 **맹세하는데 영원히 비밀로 할게.**

★ 비밀로 하다 keep it a secret | 영원히 forever

6 🎤 **맹세코 널 잊지 않을게.**

7 🎤 **맹세코 두 번 다신 술 안 마실게.**

I swear   내 말이 진실임을 강조할 때 쓰는 패턴

I swear I don't know her.

I swear it wasn't me.

I swear it's true.

I swear I didn't do anything.

I swear I'll keep it a secret forever.

I swear I won't forget you.

I swear I'll never drink again.

A

화 안 낸다고 약속해.
Promise me you won't get mad.

B

뭔데? 나랑 헤어지기라도 할 거야?
What is it? Are you going to break up with me or something?

A

맹세하는데 그런 거 아니야.
🎤 **I swear it's nothing like that.**

---

* Are you going to + 동사원형 ~? ~할 거야? | break up with ~와 헤어지다

216

30_4(R).mp3

하루만 지나도 학습한 내용의 50%는 잊어버린다는 사실!
한 주 동안 익힌 표현들을 얼마나 말할 수 있는지 확인해 보세요.

1

DAY 25

내가 맞혀볼게.   guess.

2

DAY 29

난 못 갈 것 같아.   I can make it.

* make it (약속장소에 별 탈 없이) 가다, 참석하다

3

DAY 28

그래서 내가 그 남자애랑   I broke up with 헤어졌잖아.   him.

* break up with ~와 헤어지다

4

DAY 26

한잔하러 가자.   for a drink.

* go for a drink (술) 한잔하러 가다

5

DAY 27

영화가 몇 시지?   the movie?

6

그래서 난 네가 필요해. 🎤   I need you.

7

맹세코 내가 안 그랬어. 🎤   I didn't do it.

8

회의가 언제야? 🎤   the meeting?

9

그이가 바람피는 것 같아. 🎤   he's cheating on me.

* cheat on (배우자) 몰래 바람피다

10

볼링 치러 가자. 🎤   bowling.

* go bowling 볼링 치러 가다

🖋 맞은 갯수 ⚪ 개/ 총 10개

모범답안 **1** Let me **2** I don't think **3** That's why **4** Let's go **5** What time is **6** That's why **7** I swear
8 When is **9** I think **10** Let's go

망각방지 2-1 : 대화 완성하기 DAY 25~30

🎙 30_5(R).mp3

이번에는 패턴을 대화에서 얼마나 잘 활용할 수 있는지 확인할 차례입니다.
대화속 주인공이 되어 색깔로 표시된 우리말을 영어로 바꿔 말해보세요.

1

DAY 28

A 무서워? 걱정하지 마. 내가 있잖아.
내가 지켜줄게.

B 알아. 🎙 그래서 널 데려왔잖아.

2

DAY 26

A 배고파 죽겠다. 🎙 점심 먹으러 가자.

B 피자가 당기네. 🎙 피자 먹으러 가자.

3

DAY 30

A 화 안 낸다고 약속해.

B 뭔데? 나랑 헤어지기라도 할 거야?

A 🎙 맹세하는데 그런 거 아니야.

⚡

영어를 확인하고 큰 소리로 말해보세요.

1

A Are you scared? Don't worry. I'm here. I'll protect you.

B I know. 🎤 **That's why I brought you here.**

2

A I'm starving to death. 🎤 **Let's go for lunch.**

B I'm in the mood for a pizza. 🎤 **Let's go for pizza.**

* I'm in the mood for + 음식 ~이 당긴다[먹고 싶다]

3

A Promise me you won't get mad.

B What is it? Are you going to break up with me or something?

A 🎤 **I swear it's nothing like that.**

* get mad 화내다

4

A 이 차 어때? 팔려고 내놓은 거야.

B 아주 좋은데! 🎤 생각 좀 해볼게.

5

A 나 너무 떨리고 목소리도 정말 이상해.
🎤 난 못할 것 같아.

B 넌 할 수 있어. 정말 멋지게 해낼 거야.

6

A 자꾸 잊어버리네. 🎤 비행기 시간이 몇 시지?

B 공항에 7시까지는 가야 해. 비행기가 9시에 이륙
하니까.

모범 답안은 바로 뒷장에 있어요. 👉

4

A What do you think of this car?
It's for sale.

B I love it! 🎤 **Let me think about it.**

* for sale 팔려고 내놓은

5

A I'm so nervous, and my voice is really shaky. 🎤 **I don't think I can do it.**

B Yes, you can. You're gonna be fantastic.

* gonna going to의 구어체 표현

6

A I keep forgetting. 🎤 **What time is the flight?**

B We have to be at the airport by 7 o'clock because the plane leaves at 9.

* keep -ing 자꾸 ~하다

☑ 맞은 갯수 ⬤ 개 / 총 6개

222

자유로운 여행을 위한 매일 영어 습관
1일 1패턴 여행영어 유튜브

인기강사 이민호와 함께 하는 하루 5분 무료 영어회화 강의!
〈1일 1패턴 여행영어〉 🎧음성강의는 팟빵/아이튠즈에서,
▶영상강의는 유튜브에서 만날 수 있습니다.

검색창에 "1일1패턴 여행" "1일1패턴 여행 영어" 검색

| | ▼ | 검색 |